Denis Diderot

Ein funkensprühender Kopf

100 Gedanken

Ein Mosaik zum 300. Geburtstag
des französischen Philosophen

Eingeleitet und ausgewählt
von Werner Raupp

Umschlagvorderseite:
Denis Diderot. Gemälde von Jean-Honoré Fragonard (1769)

Umschlagrückseite:
Denis Diderot. Gemälde von Louis-Michel van Loo (1767)

Die Deutsche Bibliothek – CIP-Einheitsaufnahme

Die Deutsche Bibliothek verzeichnet diese Publikation in der Deutschen Natio-
nalbilbliographie. Detaillierte bibliographische Informationen sind im Internet
unter http://dnb.ddb.de abrufbar.

ISBN 978-3-8288-3164-3

Raupp, Werner:
Denis Diderot – Ein funkensprühender Kopf
100 Gedanken. Ein Mosaik zum 300. Geburtstag des französischen Philosophen

© Tectum Verlag, 2013

Lektorat: Reinhard Breymayer (Ofterdingen)
Umschlaggestaltung, Grafik, Satz und Layout:
Gregor Julien Straube, Tübingen, lektorat.straube@web.de
Druck: CPI buchbücher.de, Birkach
Printed in Germany

Es gibt nur eine Leidenschaft: glücklich zu sein.

Wir wandeln unter Schatten – Schatten unserer selbst für die
anderen und auch für uns selbst.

Gib dich der Natur, gib dich der Menschheit,
gib dich dir selbst wieder – und du wirst überall Blumen
auf deinem Lebenspfad finden.

(Diderot)

Den wackeren Schwabenköpfen

Beate Kolb (Tübingen)
Hellmut Reichart (Ammerbuch)

in Dankbarkeit

Inhalt

Einleitung

Denis Diderot. Gemälde von Louis-Michel van Loo (1767)

Denis Diderot – ein funkensprühender Kopf

Ein Streifzug durch Leben und Werk des französischen Philosophen

> *Die höcaste Wirkung des Geistes ist,*
> *den Geist hervorzurufen.*
>
> (Goethe über Diderot)[1]

Lange Zeit hat man Denis Diderot (1713–1784) für ein chaotisches Genie gehalten, für ein Abbild seines konfusen Romanhelden, „Rameaus Neffe", den er in den Jahren nach 1762 kreiert hatte. Mit seinen oft blitzartigen Ideen und Paradoxien konnte er seine Zeitgenossen in Erstaunen setzen, aber auch Kopfschütteln hervorrufen.

Diese Reaktionen kamen nicht von ungefähr. Diderot, den – wie Zeitgenossen meinten – eine von schillernder Vielseitigkeit geprägte Aura umgab, war dank seiner eklektischen Vorgehensweise und seines dialektischen Denkens nicht immer leicht zu verstehen; er ließ sich nur schwerlich einer eindeutigen Richtung zuordnen. Seine „geistige Physiognomie" wandelte sich stetig, ähnlich wie seine leibliche, die sich, wie er einmal meinte, hundertmal täglich änderte, je nach dem Gedanken oder dem Gegenstand, von dem er ergriffen war.

Der „philosophe", wie er nur noch genannt wurde, erschien als rationalistischer Denker der Aufklärung, aber auch als ein romantisches Genie. Stets suchte er alles zu verbinden, und seine Vorliebe für das ‚Undenkbare' ließ ihn für manche zum unergründlichen

Metaphysiker werden. Der Literaturkritiker Jean-François de La Harpe konnte ihn persiflieren: „Nie ist die Natur besser verhüllt worden, als wenn Diderot sie erklärt hat."[2]

Bei all seiner Wandlungsfähigkeit avancierte er zum nimmermüden Kämpfer für Freiheit und Toleranz und wurde als Herausgeber der *Encyclopédie* wie auch als Philosoph, Publizist und Schriftsteller, als Dramatiker, Kunst- und Musikwissenschaftler und schließlich als Wegbereiter der Demokratie bekannt.

„Jahrhundert der Lichter"

Während der Revolutionszeit (1789–1799), in der Diderot zwar eine kleine Renaissance erlebte, stand der „Heißsporn" oder „geknetete Kopf" (so seine Kritiker) allerdings noch weitgehend in der zweiten Reihe. Ebenso tat sich sein Heimatland im 19. Jahrhundert, dem Zeitalter des Nationalismus, mit dem kosmopolitischen Geist schwer. Zuweilen wurde er als „ein aus einem Kosaken und Lüstling gekreuzter Preuße" geschmäht.[3] Im Jahrhundert der großen Systeme vermisste man bei ihm zudem ein konsistentes Hauptwerk. Erst im 20. Jahrhundert ging sein Stern vollends auf.

Heute zählt Diderot in Frankreich neben Voltaire und Rousseau unbestritten zu den großen Gestalten des facettenreichen 18. Jahrhunderts, wie er auch als wegweisender Kopf der europäischen Kultur- und Geistesbewegung der Aufklärung angesehen wird. Sein Werk lässt sich vor allem vor dem Hintergrund der um die Mitte des Jahrhunderts einsetzenden ‚Anthropologischen Wende' mit ihrer Orientierung am Naturrecht und ihrer Hinwendung zum „ganzen Menschen" und so auch zum Subjektivismus verstehen. Er trat kühn für einen freiheitlichen Weg des Denkens ein, welches die Religion mit ihrer „ewigen" Wahrheit hinter sich ließ und auf die Kraft des eigenen Verstandes baute.

Und dabei verkörpert er wie kaum ein anderer den für die Epoche des *Siècle des Lumières* charakteristischen Typ des „philosophe", eines allseitig interessierten Gelehrten. Und dieses „Zeitalter der Lichter", wie man eben die französische Aufklärungszeit nennt, umschreibt Raymond Trousson in seiner neuen, umfassenden Biographie über Diderot, den „wahren Prometheus" (2005), mit verklärenden Worten: „Großes Schauspiel – dieses Jahrhundert, um Diderot zu sehen. Alle kamen reihenweise, um am Brunnen aus Feuer zu schöpfen. [...] Unermessliche und unergründliche Quelle. Man schöpfte dort hundert Jahre. Das Unendliche bleibt noch."[4]

In Deutschland war der universelle Philosoph bereits in den 1740er-Jahren bekannt geworden, überraschenderweise auch als Mediziner, ehe er sodann vor allem als Enzyklopädist Ansehen erlangte. Ein Jahrzehnt später war besonders Lessing von ihm beeindruckt, der ihn zu den „Wolkenmachern" und „Weltweisen" zählt, der die „Stützen der bekanntesten Wahrheiten [...] erzittern" ließ, und gegen Ende des Jahrhunderts zeigte sich auch Schiller „recht entzückt" von ihm. Nach der Lektüre seiner kunstphilosophischen Anschauungen schrieb er an Goethe: „Fast jedes Dictum ist ein Lichtfunken."[5] 2013 jährt sich sein Geburtstag zum 300. Male.

Der Wetterhahn von Langres

Diderots Leben fällt in das Zeitalter des Ancien Régime, des vom Absolutismus geprägten Herrschafts- und Gesellschaftssystems in Frankreich (und auch überhaupt in Europa) vor der Revolution von 1789. Sein markantester Vertreter ist der pompöse Ludwig XIV. (1638–1715), der sein Land in den Verfall der Sitten und an den Rand des finanziellen Ruins geführt hatte.

Zwei Jahre vor dem Tod des „Sonnenkönigs" von Versailles erblickt Diderot in der Bischofsstadt Langres in der Champagne am 5. Oktober 1713 das Licht der Welt. Seine Mutter, An-

Unweit seines Geburtshauses, auf der Place Diderot, erinnert eine Bronzestatue an den berühmten Sohn der Stadt, erschaffen von Frédéric-Auguste Bartholdi 1884 anlässlich seines 100. Todestages

gélique, geborene Vigneron (1677–1748), ist die Tochter eines Gerbers, der man Gutherzigkeit nachsagt; der Vater, Didier Diderot (1685–1759), ist ein wohlhabender Messerschmiedmeister. Er entstammt einem Geschlecht von Messerschmieden und ist geprägt von zäher Arbeitsamkeit und inniger Frömmigkeit; seine Messer und Skalpelle sind weithin geschätzt, nicht zuletzt von renommierten Chirurgen.

Wohlbehütet wächst Denis in frommen, bürgerlichen Verhältnissen neben fünf Geschwistern auf, von denen drei das Erwachsenenalter erreichen. Lebenslang steht er im engen Verhältnis mit seiner lebhaften Schwester Denise (1715–1797), die unverheiratet bleibt und nach dem Tod der Mutter dem Vater den Haushalt führt. Mit der jüngsten Schwester Angélique (1720–1749) hingegen hat er weniger Kontakt. Sie tritt dem Ursulinenorden bei und stirbt geistig verwirrt bereits mit 28 Jahren im Kloster. Ihr Schicksal wird für die Entstehung von Diderots Roman *Die Nonne* eine wichtige Rolle spielen. Sein jüngster Bruder, Didier-Pierre (1722–1737), avanciert in späteren Jahren zum Domkapitular in Langres. Das Verhältnis der beiden sollte sich wegen ihrer divergierenden Weltanschauung äußerst konfliktreich, ja feindselig gestalten.

In seiner Heimatstadt besucht Denis das Jesuitenkolleg, wo er zusammen mit Schülern aus der Mittelschicht und des Adels eine theologische und humanistische Bildung durchläuft. Mit zwölf Jahren erlebt er eine religiöse Krise und beabsichtigt, Priester zu werden. Wenig später erhält er die Tonsur, die es ihm ermöglicht, später die beträchtlichen Pfründe eines Onkels zu übernehmen, der als Kanonikus an der Cathédrale Saint-Mammès de Langres amtiert. Dazu wird es allerdings nicht kommen.

Denis ist bereits in frühen Jahren überaus lebhaft, aber auch empfindsam. Eine spannungsgeladene Persönlichkeit kündigt sich an. Über die Bewohner des hochgelegenen Orts Langres berichtet er in späteren Jahren (1759), sie seien „ein Spielball des Windes", ihr Kopf säße ihnen „auf den Schultern wie ein Wetterhahn auf einer Kirchturmspitze"[6] – ein zutreffendes Bild für ihn selbst. Er sollte in seinen wechselvollen siebzig Lebensjahren, jeden nur möglichen Zeitwirren ausgesetzt, seinen Kopf stets und ständig nach allen Seiten hin drehen.

„Ein gefährlicher Junge"

1728 (oder 1729) verlässt der 15-Jährige seine Heimat und zieht nach Paris, um seine Ausbildung fortzusetzen. Die Seine-Metropole, die damals bereits 600 000 Einwohner zählt, hat schon immer junge ehrgeizige Menschen angezogen. Zusehends wird Diderot von der Umbruchstimmung der Aufklärung erfasst, die vor allem in den Cafés und literarischen Salons um sich greift. Diese sucht Bildung und Wissenschaft nachhaltig zu befördern mit dem Ziel eines kulturellen, technischen wie politischen und ökonomischen Fortschritts, der den freien, eigenständig denkenden Bürger herausführen solle.

An der berühmten Sorbonne studiert er schließlich Theologie, deren Glaubenssätze er jedoch immer mehr in Zweifel zieht. Kurzzeitig ist er Anwaltsgehilfe (1736/37), ehe er vom Freiheitsdrang beseelt, den Weg eines Bohemiens einschlägt. Fortan unterrichtet er als Hauslehrer und verfasst als „Gelegenheitsliterat" Traktate für Missionare oder auch Werbetexte für Pomade, die Haare wachsen lassen soll.

Diderot wird von grenzenloser Neugier getrieben. Kaum ein Thema ist vor ihm sicher. Neben der Philosophie, Naturwissenschaft und Mathematik zählen besonders Literatur, Kunst, Sprachen wie auch Politik und Ökonomie zu seinen Interessengebieten. Einem gärenden Polyhistor gleichend, bemüht er sich sogar um das klassische Problem der Quadratur des Kreises. Er avanciert zum Aufklärer par excellence und möchte ein berühmter Schriftsteller werden.

Oft sieht man ihn hungerleidend auf den belebten Straßen der Stadt, unterwegs zur Königlichen Bibliothek oder zum Jardin des Plantes. Häufig muss er sein Zuhause wechseln und wohnt in kargen Zimmern, die mitunter einer „Hundehütte" gleichen. Mit Geld kann er nicht umgehen, meist ist er klamm – er erfreut sich jedoch eines riesigen Ideenreichtums, besonders die Antike hat es ihm angetan. „Eine Zeile von Homer, ein mathematisches Problem, ein Gedanke Newtons" – das schenkt ihm stets neuen Mut, auf seinem idealistischen Weg weiterzugehen. Einem Bekannten antwortet er auf die Frage, was er denn werden wolle, „meine Liebe gehört dem Studium; damit bin ich vollkommen glücklich, mehr brauch' ich nicht".[7]

Täglich diskutiert Diderot im Café und spielt dort Schach, wo er sich im Frühjahr 1742 mit Jean-Jacques Rousseau befreundet. (Die enge Freundschaft geht 1757 jedoch in die Brüche; auf Dauer können die beiden großen Geister nicht an einem Strick ziehen.) Wenig später lernt er den hochtalentierten Jean le Rond d'Alembert kennen, der sich anschickt, einer der namhaften Mathematiker und Physiker des 18. Jahrhunderts zu werden. Die jungen Gelehrten planen die Herausgabe einer satirischen Zeitschrift mit dem Titel *Der Spötter*, die es jedoch nur auf eine einzige Ausgabe bringt.

Zu seinem großen Bekanntenkreis zählt auch der aus Regensburg stammende Literat und Diplomat Friedrich Melchior Grimm, mit dem er sich sehr eng befreundet. Bald korrespondiert er auch mit Voltaire, der Symbolfigur der europäischen Aufklärung. Bei der Polizei indes, die seine Wohnung nach Manuskripten durchsucht, ist er als „außerordentlich gefährlicher Junge" bekannt.[8]

Sein Interesse – und dies nicht zu gering – gilt auch der Frauenwelt. Der mittellose Philosoph verliebt sich in eine verarmte Weißnäherin, die er ehelichen möchte. Der Vater, erzürnt über seinen unkonventionellen Lebensstil und die nicht standesgemäße Braut, lässt ihn in ein Kloster einsperren. Er flieht und heiratet Ende 1743, nunmehr dreißig Jahre alt heimlich seinen „schönen Engel", die fromme „Antoinette", mit der er eine jedoch weniger glückliche Ehe führt. Schuld daran sind nicht zuletzt seine amourösen Eskapaden, welche die tief enttäuschte Ehegattin bisweilen zu häuslichen Gewitterstürmen reizt, womit sie zu einer zweiten Xanthippe mutiert.

Aus der Ehe gehen vier Kinder hervor. Einzig die 1753 geborene Marie-Angélique (nachmals Madame de Vandeul) überlebt die Eltern. Der stolze Vater liebt sie abgöttisch und lässt ihr eine ausnehmend moderne Erziehung zukommen. In späteren Jahren wird sie eine Cembalovirtuosin und setzt ihrem Vater in ihren „Erinnerungen an Leben und Werk Diderots" (1787) ein bleibendes Denkmal.

Trotz seiner Seitensprünge, die seinen hohen ethischen Ansprüchen augenfällig gegenüberstehen, schätzt Diderot Ehe und Familie hoch ein. Lebenslang trägt er die Sehnsucht nach einem traditionellen, bürgerlichen Leben in seinem Herzen. Ebenso hält er das Vorbild des ehrwürdigen Vaters in Ehren, er liebt ihn leidenschaftlich. Späterhin (1773) meint er zückblickend, er habe „das

Frauenzimmer zu sehr geliebt, Leidenschaften lassen sich nicht bezwingen".[9]

Ketzerische Bücher

Mit der Übersetzung englischer Werke beginnt 1743 auch sein schriftstellerisches Wirken. Dazu zählt besonders das *Medical Dictionary* von Robert James, das in Diderots französischer Ausgabe weite Verbreitung findet (6 Bde., 1746–48). 1745 war bereits die Übersetzung des europaweit bekannten Werks *Eine Untersuchung über Tugend und Verdienst* von Shaftesbury erschienen, einem Begründer der „moral sense"-Philosophie und Vorläufer der im 18. Jahrhundert aufkommenden Ästhetik.

1746 verfasst Diderot in kühner Manier sodann *Philosophische Gedanken*. Er redet in der aphoristischen Schrift zunächst von Leidenschaft und unter Berufung auf Montaigne von Skeptizismus, dem „ersten Schritt zur Wahrheit", und kann sich zudem für die Natur begeistern. Im Fortgang orientiert er sich am rationalistischen Gottesbegriff des englischen Deismus, der in der frühen Aufklärungszeit entstandenen „natürlichen Religion" oder Vernunftreligion, der zufolge sich Gott nach der Schöpfung der Welt in den Urlaub verabschiedet und diese gänzlich den Naturgesetzen überlassen hat.

Damit einhergehend, kritisiert er bissig die christliche Offenbarungsreligion mit ihren starren, antiken Dogmen und ihrem höllenstrafenden Gott, der sich als „Taschenspieler" aufführe und viel „Aufhebens von seinen Äpfeln" (sc. vom biblischen „Sündenfall-Mythos", Gen. 3) mache.

Kaum erschienen, wird das Büchlein vom Pariser Gerichtshof zusammen mit Julien Offray de La Mettries *Naturgeschichte der Seele* (1745) zur Verbrennung in effigie (als Bildnis) verurteilt. Der provokante Arzt, der zu Unrecht als „enfant terrible" der Aufklärung angesehen wird und sich an einem mechanistischen Materialismus orientiert, wartet bald darauf mit seiner spektakulären Schrift *Der Mensch als Maschine* (1748) auf. Laut dieser bestehe das Universum einzig aus einer in verschiedenen Modifikationen auftretenden Substanz, und der Mensch sei dabei als Maschine anzusehen. Demnach kann er einzig die sinnlich-körperliche Erfahrung als seinen Wegweiser anerkennen und von seinen Sinnen sagen: „Voilà – meine Philosophen."[10]

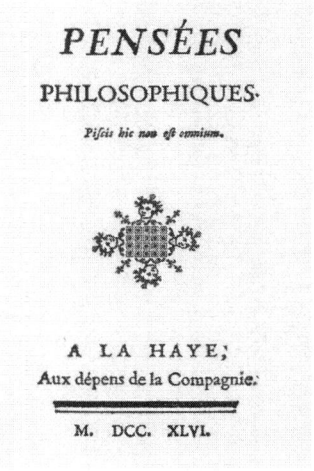

Titel der „Philosophischen Gedanken" von 1746

Auch Diderot lässt sich nicht entmutigen und veröffentlicht ebenfalls 1748 eine neue Schrift. Mit ihr erweitert er seine literarische Palette um den libertinen Schlüsselroman über die *Geschwätzigen Kleinode*, die er mit flinker Feder offensichtlich für seine in Geldnot geratene Liebschaft, die Schriftstellerin und frühe Feministin Madeleine de Puisieux, verfasst. Später wird er sie als „Jugendsünde" bezeichnen, die er besser nicht begangen hätte.

Die frivole Erzählung steht in der Tradition der Märchen von „Tausendundeiner Nacht" und orientiert sich an dem seinerzeit zu hoher Blüte gelangten Genre des „freizügigen Romans". Sie verwebt geschickt Philosophie und Erotik und erweist sich zudem als satirische Sittenkritik, wenn sie die leibfeindliche christliche Sexualmoral in Augenschein nimmt und vor dem dekadenten Leben am Versailler Hof mit seiner Korruption und seiner „prächtigen Galerie voller Hampelmänner" warnt.[11] Und schließlich hantiert sie mit spielerischer Reflexion über Traum, Seele und Unterbewusstsein, das eine große Macht besitze. Damit bietet Diderot fast schon eine Art ‚experimenteller Metaphysik‘, in der seine künftige naturalistische Weltsicht wie auch moderne tiefenpsychologische Vorstellungen in nuce auftauchen, die bereits Sigmund Freud ankündigen.

Der philosophe ist auf dem besten Weg, einer der ersten Berufsschriftsteller zu werden. Ein wahrlich kühnes Unternehmen im Zeitalter des restriktiven Ancien Régime, in dem der König und seine Beamten kein Verständnis für kritische Geister besitzen und die Buchproduktion strengster Zensur unterworfen ist. Und diese sollte ihn ein zweites Mal treffen. 1749 bringt ihn sein *Brief über die Blinden zum Gebrauch für die Sehenden* ins berüchtigte Gefängnis von Vincennes (wo später auch Marquis de Sade weilt).

Darin lässt er eine materialistische Sichtweise anklingen und weitet den Sensualismus auf die Metaphysik und Moral aus, die, so Diderot, sehr eng von der körperlichen Befindlichkeit abhingen. Dies musste die Zensur freilich aufhorchen lassen, ebenso wie seine von einem fundamentalen Relativismus und einer ewigen Dynamik getragene Weltsicht: Aus einem Gärungsprozess entstanden, sei unsere Welt eine „vorübergehende Ordnung“ neben anderen unzähligen Welten, die „vielleicht jeden Augenblick“ entstünden und vergingen; sie sei ein „Konglomerat, fortwährend Umwälzungen unterworfen, die alle eine beständige Tendenz zur Zerstörung“ anzeigten, wobei eine „schnelle Aufeinanderfolge von Wesen“ stattfinde, die einander „ablösen […] und verschwinden; und überhaupt seien „Zeit, Materie und Raum […] vielleicht nur ein Punkt“.[12] (→ Kap. IV.)

Die originellen Ausführungen, gegen die Voltaire protestiert, künden bereits die moderne Evolutionstheorie an. Zugleich markieren sie den ersten Übergang vom Deismus zu Atheismus und Materialismus. (Diese Richtungen fließen im 18. Jahrhundert nicht selten ineinander über.)

Die dreimonatige Haftzeit macht ihn in intellektuellen Kreisen, besonders in den Pariser Salons, zu einem neuen „Sokrates“, der für die Wahrheit leiden muss – eine dramatische Rolle, die er künftig gerne spielt, aber auch unter ihr leidet.

Überhaupt kann Diderot, der beileibe kein einförmiger Charakter ist, das Leben als Theateraufführung wahrnehmen. Er verfügt nicht nur in diesen Jahren über leidenschaftliche, ja theatralische Züge und gibt weder so schnell nach noch auf. Ausgestattet mit volltönender Stimme, oft lebhaft gestikulierend, weinend, lachend, sucht er sich sehr gerne in Szene zu setzen, um sich gleichsam zwischen Realität und Schein hin- und herzubewegen und darin den spielerischen Dialog mit seiner Umwelt zu suchen. Manchen erscheint er als humorvoller wie auch verrückter Brausekopf.

Von der Haft traumatisiert, muss Diderot künftig besonnener zu Werke gehen, will er nicht nochmals in Vincennes oder gar auf der Galeere landen. So ist er fortan gezwungen, etliche Manuskripte in der Schublade zu verstauen. Immerhin kann er bereits 1751 den sprachphilosophischen *Brief über die Taubstummen zum Gebrauch derer, welche hören und sprechen können*, der wiederum sensualistisch gestimmt ist, anonym veröffentlichen.

Darin sucht er in den Gesten der Taubstummen die Funktionsweise der ursprünglichen, „natürlichen" Sprache zu entdecken: die natürliche Reihenfolge der Wörter, welche die französische mehr als die anderen Sprachen bewahrt habe und somit klarer als diese sei. Die Sprache der „natürlichen" Ordnung sei, so der Verfasser, allerdings nicht imstande, die seelischen Vorgänge angemessen wiederzugeben. Diese könnten eher durch die Dichtung (und die anderen Nachahmungskünste, wie etwa die Musik) mit ihrem emblematischen Charakter, dem poetischen „Hieroglyphengewebe", wiedergegeben werden. Und dieses Gewebe komme den sinnlichen Zeichen gleich, die jedoch letztlich nicht übersetzbar seien. In jenen Gesten entdeckt Diderot auch eine Ausdruckskraft, die besonders auf der Schauspielbühne stärker sein kann als das gesprochene Wort. So deuten sich in diesem Brief bereits kunsttheoretische Überlegungen an.

Die Encyclopédie – „Weltkarte der Erkenntnis"

Und trotz der Zensur kann der *philosophe* dank seiner Betriebsamkeit ein weiteres „gefährliches" Buchprojekt auf den Weg bringen: die epochale *Encyclopédie ou dictionnaire raisonné des sciences, des arts et des métiers* („Enzyklopädie oder vernünftig aufgebautes Wörterbuch der Wissenschaften, Künste und Gewerbe"), die in den Jahren 1751 bis 1772 in 28 Foliobänden erscheint. Die 17 Textbände enthalten 71 818 Artikel, und die 11 Tafelbände bieten 2 885 Kupferstiche zur Ansicht sowie 2 575 Erläuterungen.[13]

Das von Diderot und anfangs auch von d'Alembert herausgegebene Werk, dem besonders Pierre Bayles *Dictionnaire historique et critique* (2 Bde., 1696/97; 4 Bde., 1702; „Historisches und kritisches Wörterbuch") als Vorbild dient, weitet sich zu einem ungeahnten Abenteuer aus. Es verlangt ihm über zwanzig Jahre hinweg alle Kräfte ab und bringt ihm neben der Ehre auch zahlreiche Feindschaften ein.

Daran beteiligt sind über 140 namentlich bekannte „Enzyklopädisten", die sich als *société des gens de lettres* („Gesellschaft von Literaten") verstehen. Sie gehören großenteils dem Bürgertum an, daneben auch dem niederen Adel. Unter ihnen befinden sich Naturwissenschaftler, Historiker, Philosophen, Theologen (jeglicher Couleur, von liberalen Christen bis zu Atheisten), Staatsbeamte, Techniker, Handwerker und Fabrikanten (u. a. ein Bierbrauer).

Zu den namhaften Mitarbeitern zählen auch die großen Köpfe der französischen Aufklärung: Montesquieu (Art. *Geschmack*) und Voltaire, der nur wenige Artikel liefert (u.a. *Geschichte*), wie auch Rousseau (bes. musiktheoretische Einträge, vgl. aber auch den Art. *Ökonomie*) und d'Alembert (aus den Bereichen Mathematik u. Physik). Die drei Letztgenannten knicken aufgrund der heftigen Angriffe seitens der Kirche und Krone ein und beenden um 1758 ihre Mitarbeit. Der wichtigste Autor ist der hugenottische Chevalier Louis de Jaucourt, ein enzyklopädisch gebildeter

Schriftsteller und Mediziner, der sich als wahrer „Schreibroboter" entpuppt und über 17 000 Artikel (!) verfasst.[14]

Allesamt tragen sie zur großen Mannigfaltigkeit des Werks bei; die Artikel sind jedoch von sehr unterschiedlicher Qualität. Um der ständig lauernden Zensur zu entgehen, sind die Autoren gezwungen, ihre Kritik an Absolutismus und Klerikalismus bisweilen in gesalzenen Querverweisen oder Verknüpfungen zum Ausdruck zu bringen (wie etwa *Menschenfresser ↔ Eucharistie*).

Eine gewaltige Arbeitslast liegt auf Diderots Schultern. Als Büro dient sein privates Arbeitszimmer, wo sich über Jahre hinweg Legionen von Manuskripten auftürmen. Als Herausgeber ist er nicht nur Organisator eines Netzwerks von aufklärerisch gesinnten Gelehrten, er ist auch für die Herstellung und Kommentierung der Bildtafeln zuständig und muss die Zeichner, Graveure und Drucker anleiten; oft besucht er auch Werkstätten, um die Handwerkskunst zu studieren.

Zudem verfasst er hundert Artikel, möglicherweise noch etwa 550 weitere, und bearbeitet teilweise ca. 5500 weitere Einträge. Dabei kann er sich in Ausschweifungen verlieren, wie etwa im programmatischen Artikel über die *Enzyklopädie*, der mit dem flammenden Aufruf aufwartet: „Man muss alles prüfen" und den „ganzen alten Unfug ausrotten", damit endlich „ein vernünftiges Zeitalter" komme. Bekannt wird auch sein Artikel über die *Politische Autorität*, der mit dem Hinweis beginnt: „Kein Mensch hat von der Natur das Recht erhalten, den anderen zu gebieten. Die Freiheit ist ein Geschenk des Himmels." Und so gehöre der Staat nicht dem Fürsten, sondern „der Fürst gehört dem Staat".

Als „Weltkarte der Erkenntnis" konzipiert, sucht das Monumentalwerk „die auf der Erdoberfläche verstreuten Kenntnisse zu sammeln" und die organische Verknüpfung aller Wissenszweige sichtbar zu machen, die in einem „Wissensbaum" Gestalt gewinnt. Dieser eliminiert die bisher übliche Sonderstellung der Theologie und stellt die Wissenschaft auf ein neues Fundament: auf das Naturrecht wie auch auf den von England auf das Festland hin aus-

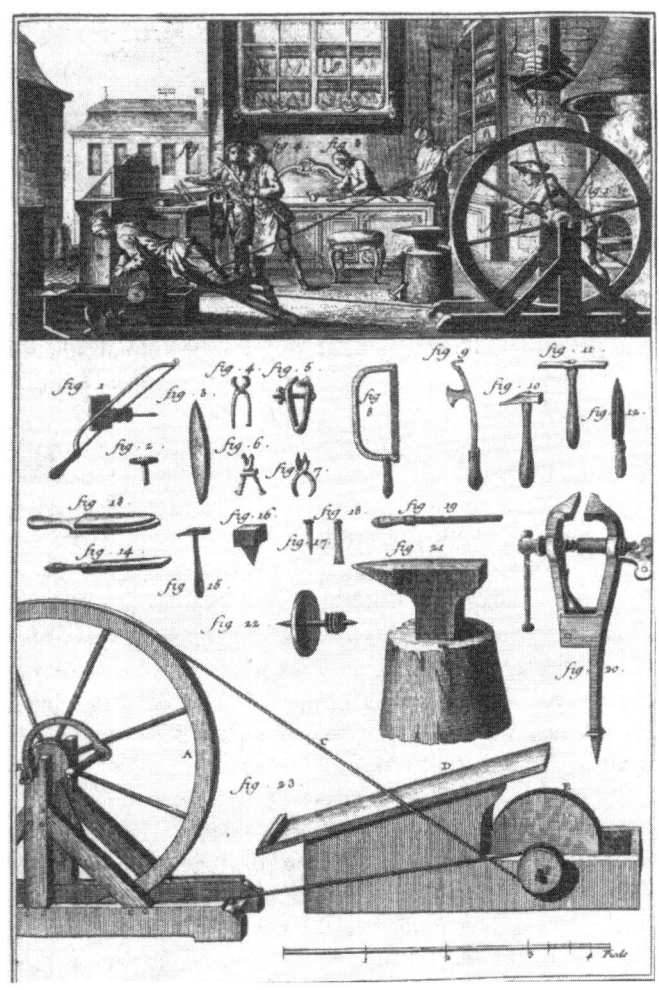

Kupfertafel aus der Enzyklopädie. Abbildung zu dem von Diderot verfassten Artikel „Messerschmied"

strahlenden Empirismus (bes. John Locke) und den Sensualismus (Étienne Bonnot de Condillac), denen zufolge alle Erkenntnis von Erfahrung oder Sinneswahrnehmung herrührt. (Diese Richtung gründet auf der bekannten Prämisse: „Nihil est in intellectu, quod non [prius] fuerit in sensu." – „Nichts ist im Verstand, was nicht [vorher] in den Sinnen gewesen wäre.")

Damit geht die Forderung nach der Trennung von Staat und römisch-katholischer Kirche einher. Letztere profitiert bekanntlich von der Unwissenheit des Volkes und bildet als größter Grundeigentümer im vorrevolutionären Frankreich die Stützmauer des morbiden Feudalismus, dem sie einen Heiligenschein göttlicher Würde verleiht.

Zudem sucht die *Encyclopédie* mit ihren besonders Handwerk und Technik darstellenden Tafelbänden die Handwerkskunst aufzuwerten und den Wissenschaften und Künsten an die Seite zu stellen. Das handwerkliche Gewerbe wird durch detailgetreue Abbildungen dargestellt. Dies ist auch Goethe nicht verborgen geblieben, der sich beim Aufschlagen der Bände „in eine große Fabrik" voller „bewegte[r] Spulen und Weberstühle" mit „lautem Schnarren und Rasseln" versetzt sah.[15]

„Sturmgeschütz der Aufklärung"

Von Obrigkeit und römisch-katholischer Kirche (bes. von den Jesuiten und Jansenisten) heftig bekämpft, steht die *Encyclopédie* mehrfach vor dem Aus. 1759 landet sie auf dem „Index der verbotenen Bücher"; in diesem Jahr wird ihr zudem durch den Königlichen Staatsrat das Druckprivileg für die restlichen Bände entzogen.

Als daraufhin Polizisten Diderots Wohnung in der Rue Taranne aufsuchen und die Manuskripte beschlagnahmen wollen, stehen sie vor leeren Regalen. Jene lagern bereits an einem kaum vermuteten, sicheren Ort: in den Amtsräumen der Zensurbehörde! Deren

Direktor, Chrétien-Guillaume de Lamoignon de Malesherbes, ein loyaler Beamter des alten Regimes, aber auch ein aufklärerischer Kopf, hatte sie des Nachts zuvor durch seine eigenen Mitarbeiter abholen lassen. Gleich mehrfach hat Malesherbes (der in den Wirren der Revolutionszeit 1794 auf dem Schafott enden sollte) seine Hand schützend über das Werk gelegt und durch sein taktisches Geschick Diderot vor der Bastille bewahrt.

Die *Encyclopédie* ist freilich nicht die Erste und auch nicht die umfangreichste ihrer Art. Aber geschrieben in einer brisanten Zeit, die neue Wege der wissenschaftlichen Erkenntnisse anstrebt und nachhaltig auf politische wie ökonomische Reformen drängt, wird sie zur Fanfare der neuen Zeit. Sie markiert einen bahnbrechenden Einschnitt in der französischen Geistesgeschichte: den Bruch mit dem Cartesianismus (eine auf René Descartes fußende Richtung des 17./18. Jahrhunderts) und dem theologischen Supranaturalismus (Richtung, die eine über die Natur hinausgehende, übervernünftige Realität annimmt) wie auch die Durchsetzung des englischen Empirismus.

Sie leitet somit einen epistemologischen Paradigmenwechsel ein – die Erkenntnis komme aus der „greifbaren" Sinneserfahrung anstatt aus der „nebulösen" metaphysischen (theologischen) Spekulation – und verhilft besonders im gebildeten Bürgertum zur Wahrnehmung einer neuen Wirklichkeit: zum Durchbruch der aufklärerischen und antifeudalen Denkrichtung.

Allen Verfolgungen und Widrigkeiten zum Trotz, die den Herausgeber bisweilen an den Rand des Nervenzusammenbruchs führen, vermag sie als „Armada der Philosophie", wie sie auch genannt wird, eine Bresche in die höfische und klerikale Festungsmauer zu schlagen und den Weg hin zur Revolution zu ebnen. Sie wird das herausragende Druckwerk des 18. Jahrhunderts und erlebt, besonders in der Schweiz, mehrere Neudrucke und Bearbeitungen.

So avanciert sie zu einem Gründungswerk der Moderne und, nicht zuletzt aufgrund ihrer von Diderot spielerisch kreierten und dennoch zielgerichteten Verknüpfungen – heute reden wir von „Verlinkungen" –, gleichsam zu einem Vorläufer von Wikipedia. Ja, man wird kaum übertreiben, sie als eines der bedeutendsten literarischen Werke der Menschheitsgeschichte anzusehen.

Und Diderots Name wird immer mit diesem Werk verbunden bleiben. Seine Nachwirkungen sind noch heute im enzyklopädisch orientierten französischen Bildungsideal sichtbar. Als dessen Symbol steht besonders die 1970 gegründete, auf Pluridisziplinarität ausgerichtete *Université Paris VII – Denis Diderot*, die seit 1994 seinen Namen trägt. Überdies ist das Ideal einer umfassenden Bildung auch im Bewusstsein einer breiten Öffentlichkeit mit seinem Namen verknüpft: Im Französischen spricht man von der „période de Diderot" („Diderot'schen Zeit"), in der man vielerlei studiert, bevor man seine Schwerpunkte setzt. (→ KAP. I.)

Die Kunst – schöpferische Naturnachahmung oder lebendige Einheit in der Vielfalt

Seine Talente blühen auch auf dem Gebiet der Kunst und Ästhetik auf, die er in den Kontext seiner naturphilosophischen Weltsicht zu stellen weiß. Auch auf diesem Arbeitsgebiet fordert er neue, auf das wirkliche, gesellschaftliche Leben bezogene Inhalte und sucht so dem bürgerlich-emanzipierten Lebensgefühl Geltung zu verschaffen. Die Beschäftigung damit ist für ihn angesichts der Fronarbeit an der *Encyclopédie* ein Labsal.[16]

Musik

Allen Künsten zugewandt, liebt Diderot über alles die Musik. Er selbst spielt auch Klavier. Musik sei, so der philosophe, die „gewaltigste aller Künste" und ahme die Natur durch kunstvolle Entfaltung von einfachen und zusammengesetzten Tonrela-

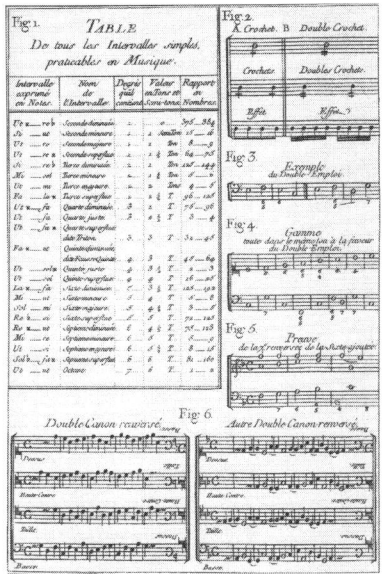

Notenblatt. Kupfertafel aus der Enzyklopädie zum Thema Musik

tionen nach, und zwar – wie die Künste überhaupt – mittels ihrer emblematischen, hieroglyphischen Sprache in Sinnbildern. So richte sie auch einen Appell an die Phantasie des Hörers und vermöge das Ohr zu „bezaubern" und in das Herz hinein „Liebe oder Entsetzen" zu tragen und so die „Sinne aufzulösen" oder das „Innere zu unterstützen".

Seine Vorstellungen trägt Diderot besonders in Artikeln für die *Encyclopédie* zur Akustik, Organologie und Musiktheorie vor, wie er sie auch in einige Schriften (vgl. *Rameaus Neffe*) einfließen lässt. Zudem strebt er , auf die Gluck'sche Opernreform verweisend, eine Reform der Oper an, wie auch die Erneuerung des Tanzes und die Einführung des pantomimischen Balletts.

Bereits in früheren Jahren hat sich der Aufklärer am aufsehenerregenden „Buffonistenstreit" („Querelle des bouffons", 1752–1754) beteiligt, einer Auseinandersetzung um den Vorrang von französischer oder italienischer Oper. Er steht auf Seiten der letzteren, der dem bürgerlichen Volksgeist erwachsenden, von gefälligen Rhythmen und frischer Melodik getragenen „Opera buffa", und sucht aber auch die beiden streitenden Parteien zu versöhnen: die „Buffonisten" („coin de la Reine" – „Loge der Königin"), zu denen vor allem die Enzyklopädisten zählen, und die „Antibuffonisten" („coin du Roi" – „Loge des Königs"), Aristokraten und Traditionalisten, die den „natürlichen" italienischen Stil zugunsten des „edlen" französischen Stils verwerfen.

Der Streit bringt über 60 Schriften hervor. In ihm leuchtet ein Vorschein der kommenden Revolution auf: eine neue Zeit, die mit ihrem an Natürlichkeit orientierten Lebensgefühl gewillt ist, mit der alten, höfisch-pompösen Kunst zu brechen.

Bildende Kunst und Ästhetik

Weit mehr noch als in der Musik tritt der feinfühlige Aufklärer als Theoretiker der bildenden Kunst auf den Plan, besonders der Malerei, und wird ein Anreger, ja ein Mitbegründer der modernen französischen Kunstkritik, der auch das Schönheitsideal der Deutschen Klassik befruchtet (bes. Lessing). Zudem zählt er zu den kritischen Befürwortern des gegen Ende des 18. Jahrhunderts aufkommenden Neoklassizismus (auch bürgerlicher Klassizismus genannt).

Nachhaltig fördert er den sich in der Zeit des Umbruchs zwischen feudaler Rokokokultur und der sich anbahnenden Revolution vollziehenden Autonomisierungsprozess der Kunst, die sich, wie die Naturwissenschaft, mehr und mehr spezifiziert. Parallel zu deren empirischer Neuorientierung vollzieht sich auch in der Ästhetik eine innere Umwandlung. Jene sucht den von zeitloser, überhöhender Vernunft bestimmten klassizistischen Regelkanon und seine deduktive Prämisse abzustreifen und sich den (menschlichen) Phänomenen und somit der unmittelbaren Beobachtung und der Beschreibung zuzuwenden, aus der dann die Prinzipien zu gestalten sind.

Und eben auf diesem neuen Weg vom „ästhetischen Rationalismus" hin zu einem „ästhetischen Empirismus" befindet sich auch Diderot, der sich primär dem künstlerischen Verhalten und dem Eindruck zuwendet, den das Kunstwerk auf seinen Beschauer und auf dessen Urteil macht. So verortet er – die Einheit von Sinnlichkeit und Rationalität wie auch die sensualistische Ethik betonend – die Ästhetik in der Natur des Menschen: in dessen von schöpferischen Leidenschaften („passions") getragenen Grundkräften des Lebens, die das Eigenartige, das Individualistische hervorbringen. Damit realisiert sich in der Kunst die Selbsterfüllung des menschlichen Wesens.

Dieser Weg wird besonders in Diderots berühmten *Salons* (1759–1781) vernehmbar, einer Folge von neun Berichten über die im „Salon Carré" im Louvre alle zwei Jahre ausgestellten Gemälde der Pariser Kunstakademie. In den quirligen Plaudereien sucht der Autor – im Gegensatz zum klassizistischen Bestreben, dem konkreten Bild eine modellgebende Funktion zuzuschreiben – seine individuelle Autonomie zu sichern, die gleichsam eine eigene Welt erzeugt. Er wird fast zum „Nach-Schöpfer", der besonders auf die sinnliche Bildwirkung abzielt und zumeist sehr detaillierte Beschreibungen darbietet, die wie ein Fotoersatz anmuten. Überdies versteht er mit der Illusion zu spielen, mit der Verschleierung und dem Trugbild, in dem sich die Wahrheit spiegelt.

Als befände er sich mitten in einem Salongespräch unterhält er sich lebhaft mit Malern oder auch mit dem Leser und sucht immer wieder gleichsam in ein Bild hineinzusteigen, um etwa eine Wanderung in beeindruckender Naturlandschaft zu unternehmen, wobei die „Blicke umherschweifen" – voll „Bewunderung", aber auch voll „Stillschweigen". Besonders favorisiert er die den Sensualismus zur Geltung bringenden Farben, die als „göttlicher Hauch" alles belebten und den Ausdruck der Leidenschaftlichkeit steigerten.

Damit hat sich der Aufklärer als einer der Ersten dem Problem der Übertragbarkeit piktoraler Bilder in Sprachbilder gewidmet und die Gattung des Ausstellungsberichts mitgeschaffen, wie er auch die Vermittlung zwischen dem Künstler und einem über Hof und Kirche hinausgehenden, bürgerlichen Publikum initiiert. Er bereitet auf diese Weise den Boden, auf dem sich anstelle des zerfallenden höfischen Rokoko-Stils (bes. François Boucher, den Hofmaler Ludwigs XV., den er heftig kritisiert) die bürgerliche Ausdrucksweise mit ihrer lebensvollen Tendenz entwickeln kann, und bevorzugt die Darstellung des Ursprünglichen und Alltäglichen gegenüber dem Überhöhten.

So solle, wie Diderot ausführt, der Ethik und Ästhetik stets zusammenbindet, ein Bild oder ein Kunstwerk ein harmonisch bewegtes Ganzes darstellen und so – dem alten horazischen Ideal folgend – Freude bereiten und vor allem moralische Ideen vermitteln („die Tugend liebenswürdig, das Laster hassenswert wiedergeben"). Damit helfe es mit, dem Sittenverfall des Ancien Régime entgegenzuwirken und überhaupt die Welt besser und schöner werden zu lassen.

Und dabei geht es der Kunst (wir sagten es schon) um die schöpferische Nachahmung der Wirklichkeit respektive der Natur („imitatio naturae"), die „nichts Inkorrektes" schafft. Diese Nachahmung meint keineswegs eine unmittelbare Anschauung, da wir ja die Gesetzlichkeit, die hinter allen Erscheinungen steckt, nicht erkennen. Vielmehr setze sie, so Diderot, eine innere Anschauung, ein ideelles Modell des Schönen im Künstler voraus, das dieser Gesetzlichkeit möglichst nahekomme, jedoch, wie Diderot betont, zunächst durchaus ein schwankendes Gebilde darstelle. Dabei müsse der Künstler allerdings auch gründlich die Lebenswelt respektive die Naturerscheinungen beobachten – und erst so, im sich bedingenden Wechselspiel von Empfindung („sentiment") und Analyse (resp. Verstand, „raison"), gelange er mittels der sorgfältigen Imitation zur Kreation: zum ‚Unwissbaren', zu einer Illusion, die letztlich eine „Art Wahrscheinlichkeit als Kunstwahrheit in Analogie zur ‚Wahrheit der Wirklichkeit'" darstellt.[17]

Dergestalt besitze ein Kunstwerk nach Diderot gleichsam eine durchdringende und belebende hieroglyphische Ausdrucksweise und erweise sich als ein Symbolsystem, dessen Wesentlichkeit nicht in seiner Transparenz aufgehe, sondern mittels seiner Zeichen konstituiert werde. Einem beeindruckenden Theaterstück vergleichbar führe es eine emotionale Wirkung auf den Betrachter herbei und lasse ihn an seinem Sujet fühlend, aber auch denkend teilnehmen.

Und dabei vermag das Kunstwerk die menschliche Einbildungskraft zu entzünden, die dann wiederum neue Ideen hervorbringt; es vermag sogarb auf den Betrachter – einer religiösen Erfahrung vergleichbar – sogar ein Faszinosum auszuüben: einen Augenblick der Unendlichkeit. Somit obliegt es der Kunst, wie Diderot meint, nicht primär die Wahrheit und Schönheit abzubilden, sondern vor allem das Denken und die Sinne zu sensibilisieren. Wahrheit und Schönheit, die sich gegenseitig bedingen, entstehen ausschließlich in der Ideenwelt des Einzelnen.

Und diese wird nach Diderot, der hierbei dem „Geniekult" des Sturm und Drang nahekommt, vor allem durch das Genie entzündet, das gewissermaßen eine göttlich anmutende prärationale Seeleneigenschaft besitzt und instinktiv seinem Dämon folgt (in seiner späteren Schrift vom *Paradox des Schauspielers* [s.u.] heißt es eher souveräne Rationalität), womit es die Seele des Menschen zu rühren vermag.[17a] Vor allem seinem Werk wohnt die gegensätzliche Einheit von Vernunft und Gefühl (resp. Enthusiasmus) inne, die in Wechselwirkung und gegenseitiger Überprüfung stehen.

Wenngleich die „Schönheit" also immer vom jeweiligen Sinneseindruck des Betrachters abhängt („subjektive Seite des Schönen"), so kann Diderot dennoch – ausgehend von der menschlichen Erfahrung und Notwendigkeit, in der Mannigfaltigkeit des Lebens zielgerichtet zu handeln und so auf Ordnung, Proportion und Einheit bedacht zu sein – dem ästhetischen Ideal ein ausschließliches, „empirisches" Kriterium („objektive Seite") beimessen: die Vorstellung eines geordneten Ganzen (wobei er besonders auf Shaftesbury gründet) und den damit korrespondierenden Begriff der „Beziehung" („rapport").

Das denkende wie fühlende ‚Erkennen von Beziehungen' innerhalb einer als Einheit begriffenen Mannigfaltigkeit umfasst die gesamte, natürliche (also sittliche, literarische, musikalische wie technische oder biologische) Lebenswelt und zielt, zumindest mittelbar, auf Harmonie und Moral ab. Nicht zuletzt kommt dies in der originellen enzyklopädischen ‚Verknüpfung der Wissenschaften' zum Vorschein. Und dabei gilt: je größer die Fülle der Beziehungen, der Mannigfaltigkeit und je vollkommener die Einheit, die sich freilich nicht immer auf den ersten Blick erschließt – desto höher der Grad der Schönheit.

Seine Vorstellungen sieht der Salon-Autor, besonders in frühen Jahren, am meisten in der sozialen Genremalerei des befreundeten Jean Baptiste Greuze verwirklicht, dem Hauptvertreter der „Peinture Morale" („Moralische Malerei"), mit ihren bürgerlich-sentimentalen Familienszenen. Nicht minder schätzt er Jean Baptiste Siméon Chardin, den „großen Zauberer" und Realisten der bürgerlichen Welt, in dessen Stillleben sich „immer die Natur und die Wahrheit" zeige. Seine kritische Sympathie gehört auch Jacques Louis David, dessen neoklassizistische Anfänge er noch erlebt, sowie dem Porträtisten Quentin La Tour und Claude Joseph Vernet, dessen (wild-romantische) Landschaften er in einem der wohl schönsten Stücke der Salons beschreibt (1767).

Großen Gefallen findet er auch an Ruinengemälden (bes. von Hubert Robert), einer Besonderheit der Landschaftsmalerei im 18. Jahrhundert, die den Menschen in seinen Grundfesten zu erschüttern vermag: „Alles geht zugrunde, alles vergeht." Angetan ist Diderot, der Apologet der Leidenschaften, zudem von Schrecken und Entsetzen verbreitenden Werken, wie etwa von blutigen Schlachten, die als Gegenbild zum Guten moralische Reflexionen hervorrufen können.

Auch in der Bildhauerei ist er bewandert und zollt besonders Edmé Bouchardon und dem befreundeten Étienne-Maurice Falconet Anerkennung. Letzteren empfiehlt er der Zarin Katharina II. der Großen, in deren Auftrag dieser das berühmte Reiterdenkmal des Zaren Peter I. des Großen in St. Petersburg (*Der eherne Reiter*, voll. 1782) errichtet.

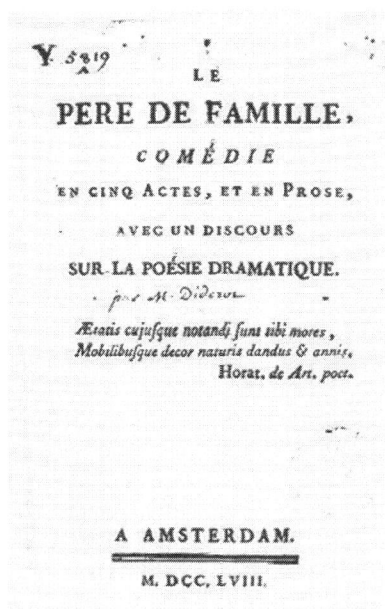

Titel des Bühnenstücks
„Der Hausvater" von 1758

Theater

In den späten 50er-Jahren wird der philosophe, der ja über großes Schauspieltalent verfügt, auch als Bühnenautor bekannt. Bereits als Jugendlicher hat er von einer Karriere als Schauspieler geträumt und leidenschaftlich antike Tragödien rezitiert. Oft stand er damals am Bühneneingang der Comédie-Française, um einen Blick auf eine seiner vergötterten Schauspielerinnen zu erhaschen.

In seine beiden frühen Stücke *Der natürliche Sohn* (1757) und *Der Hausvater* (1758), denen er zukunftsweisende dramaturgische Überlegungen beifügt, fließen ebenfalls seine kunsttheoretische Anschauung von der „Natürlichkeit" und der „Naturnachahmung" wie auch seine Betonung von Lebenswirklichkeit und Moral mit ein. Ebenso leuchtet darin neben szenischen und gestischen Momenten besonders der Dialog auf, der späterhin vor allem in seinen Romanen zum Tragen kommen sollte.

Somit das wirklichkeitsfremde, künstliche höfische Theater (mit seiner Heroenverehrung) hinter sich lassend, stellt Diderot das erwachende Bürgertum in seiner Alltagswelt auf die Bühne und bereitet als theoretischer Begründer des bürgerlich-moralischen Dramas (*Drame bourgeois*) dem modernen französischen Theater den Weg. Das neue Genre sucht den sich anbahnenden gesellschaftlichen Veränderungen Rechnung zu tragen und damit ein neues Lebensgefühl zu vermitteln. Es verbindet den Ernst der Tragödie und die „Realität" der Komödie im Sinne von Belehrung und Unterhaltung. Im Rückgriff auf antike Ideale hat der philosophe somit das Theater zur ‚Sache des Volkes' gemacht.

Mit der neuen Gattung, besonders mit dem *Hausvater*, in dem er seinen im Innern immer wieder aufflackernden Konflikt mit seinem eigenen Vater friedlich zu lösen sucht, erlebt Diderot nach 1760 vor allem in Deutschland einen riesigen Erfolg. Zu verdanken hat er dies vor allem Lessing, der seine Stücke übersetzt (*Das Theater des Herrn Diderot*, 1760, 1781[3]).

Mit seinem (klein-)bürgerlich familiären Realismus, der die Arbeitsamkeit, den Sinn für das Natürliche wie auch eine starke Gefühlsmäßigkeit und den Idealtypus eines jeden Standes mit seinen jeweils eigenen Aufgaben akzentuiert, hatte Diderot den Nerv des deutschen Wesens durchaus getroffen; ein Großteil der deutschen Nation konnte sich in seinen Werken wiedererkennen. Goethe, der als zwölfjähriger Junge die Aufführung des *Hausvaters* in Frankfurt sah, hat sogar gemeint: „Diderot war nahe mit uns verwandt; wie er denn in alledem, weshalb ihn die Franzosen tadeln, ein wahrerer Deutscher" sei.[18]

Auch in späteren Jahren legt der philosophe in seiner Abhandlung über *Das Paradox des Schauspielers* (1773–1777; ersch. 1830) Reformvorschläge vor. Er entwirft in Abgrenzung zum Rousseauismus eine Ästhetik der Schauspielkunst wie überhaupt jeder Kunstform, die sich entschieden vom Gefühlskult der vorhergehenden Jahrzehnte absetzt und vom Verstand geleitet ist. Im Gegensatz etwa zu Aristoteles, der bei den Zuschauern der Tragödie deren Einfühlung, eine „Katharsis" (Reinigung) der Affekte durch das Durchleben von „Jammer und Schauder" erzeugen wollte, strebt er nunmehr eine distanzierte Haltung der Akteure und der Zuschauer an.

Demnach solle der Schauspieler, so Diderot ausführend, mit „kühlem Kopf" auftreten und im paradoxen Spiel zwischen Vernunft und Gefühl sich gleichsam „verdoppeln"; er solle weinen, wie ein „ungläubiger Priester, der über die Passion [Christi]" predige oder aber wie „ein Verführer zu Füßen einer Frau, die er nicht liebt, die er jedoch täuschen will". Somit schlüpft der Darsteller gleichsam in die Dichtung hinein und gibt sie als Wirklichkeit aus. Auf diese Weise komme die Bühnenkunst ihrer Bestimmung nahe, der Wahrheit mittels des Trugbildes nachzuspüren. Das Schauspiel wird somit zu einem „ideellen Modell der zukünftigen Gesellschaft"; der Künstler, „der Interpret der Natur", wird zum „Erzieher der Menschheit" und zum „größten Realisten" – allerdings einer „zukünftigen Realität, die er vorwegnimmt".[19]

Bis in die neuere Zeit bleibt dieser Essay umstritten. Seine Nachwirkungen reichen bis zu Bertolt Brecht und seiner von antiillusionistischer Realismus-Theorie geprägten Neukonzeption des Theaters. Der einflussreiche Dramatiker und Lyriker des 20. Jahrhunderts wollte sogar 1937 eine „Diderot-Gesellschaft" gründen. (→ KAP. V.)

Experimentelle Philosophie

Der Frage nach Wahrheit und Wirklichkeit des Lebens geht der skeptische Freigeist auch in seinem philosophischen Werk nach, in dem manch kunsttheoretische Vorstellungen einfließen. Auf die Kraft des Verstandes bauend, hat er den Mut, die Wahrnehmung der Wirklichkeit auf zeitgemäße Fundamente zu stellen und Welt und Gott neu zu eruieren.

Er betreibt gleichsam eine experimentelle Philosophie; er ist stets auf der Suche nach Neuerungen und pflegt dabei einen spielerischen Umgang mit Ideen – und wird oft unversehens von einer zur anderen fortgerissen. Alles immer wieder ausprobierend, kann er bisweilen zwei Positionen zugleich vertreten – und diese dann vor allem in der Form des Dialogs umschreiben – oder sich wechselweise gleichsam von einer neuen, „errungenen" Position in die frühere, überwunden geglaubte „zurückfallen" lassen. Letzteres wird besonders hinsichtlich der Gottesfrage sichtbar, wobei er allen möglichen Varianten des deistischen oder atheistischen Weltbildes nachspürt.

Wenngleich er alles miteinander zu verknüpfen und das „Ganze" zu erfassen sucht, so ist er doch jeglicher Systematik abhold. Der wissenschaftliche Horizont müsse freilich immer für neue Fragen offengehalten werden, die aus jeder neuen Erkenntnis erwachsen.

Und so sucht der philosophe auf seinem Denkweg mittels dialektischer, dynamischer Vorgehensweise, die nur „im Fluge, nur in seiner steten und rastlosen Bewegung erfasst werden kann"[20], sich der Wirklichkeit mit all ihren mannigfachen Aspekten zu nähern – und gelangt zu einem dynamischen Weltbild. Welt und Wirklichkeit, so Diderot, seien von keinem einzelnen Standort aus angemessen zu erkennen; ihrer Vielfalt könne nur der stete Wechsel gerecht werden. Damit geht es dem Aufklärer nicht nur – optisch ausgedrückt – um den Wechsel der Blickwinkel oder der Gesichtspunkte, sondern in mancher Hinsicht auch – akustisch ausgedrückt – um den Wechsel der Töne.

Dieser Wechsel klingt bereits in seinen frühen *Philosophischen Gedanken* an, in der er die vielzitierte Richtlinie aufstellt: „Man soll von mir verlangen, dass ich die Wahrheit suche, aber nicht, dass ich sie finde." Unverkennbar verweist Diderot damit auf ein wegweisendes Leitmotiv der Aufklärungskultur des 18. Jahrhunderts, das besonders in Lessings berühmtem Bekenntnis aus der Zeit des „Fragmentenstreits" (1777–1779) Gestalt gewinnt: „Nicht die Wahrheit, in deren Besitz irgendein Mensch ist, oder zu sein vermeint, sondern die aufrichtige Mühe, die er angewandt hat, hinter die Wahrheit zu kommen, macht den Wert des Menschen."[21] (→ Kap. II.)

„Die Unermesslichkeit der Möglichkeiten"

Bei seiner Suche hat Diderot nie aufgehört, Rationalist zu sein. Er kämpft gegen Vorurteile und Aberglauben, er führt eine „Revolte gegen den installierten Dogmatismus und die politisch-religiösen Zwänge".[22] Der kreative Querdenker bedient sich gerade dabei zweier überraschender Kontrapunkte zur Raison: zum einen der Persiflage, also der verzerrenden Übertreibung, des gespielten Missverständnisses und der provokanten Zweideutigkeit, die den Blick auf die Wirklichkeit eröffnen sollen; zum anderen der Mystifikation: des Trugbilds (vgl. die *Salons* und bes. das *Paradox des Schauspielers*), der Verrätselung, der zum Aufbrechen von verkrusteten Strukturen oder eingefahrenen Sehgewohnheiten und zum Nachdenken führenden Verwirrung wie auch der Verfremdung mit dem Ziel der Erschließung neuer Perspektiven oder des neuen Sehens auf die noch nicht bestehende, aber endlich erwartete Wirklichkeit.

Eine solche Mystifikation mittels undurchsichtiger, kontrafaktischer Gedanken (vgl. bes. *Jacques, der Fatalist*), codierter Sprache oder Ironie ist bei der Verbreitung neuer Ideen – nicht zuletzt angesichts der herrschenden Zensur – durchaus notwendig. Diderot erweist sich hierbei als Meister der Improvisation, stets auf der Suche nach dem von der Dynamik geprägten Ganzen. Dabei liebt er das Spiel mit Dialektik und Paradoxie und vermag immer wieder Ideen zu entzünden: besonders in der Gestalt des Schwirrenden („papillonnage") und Flimmernden („papillotage" – was von den Gegnern als „Makulatur" gedeutet wird).[23]

Er hegt gleichsam ein Vergnügen, das Althergebrachte zu destabilisieren und wird zum verhüllenden „Wolkenmacher". Diderot bezeichnet sich gar selbst – vielleicht sogar in Anspielung an keinen Geringeren als Zeus – als einen solchen: „Ich beschäftige mich vielmehr damit, Wolken zu bilden, als sie zu zerstreuen und die Urteile aufzuheben, als selbst zu urteilen."[24] So übt er eine Art schöpferischer Zerstörung des Bestehenden, zu der untrennbar die

Verknüpfung naher und entfernter Beziehungen zu einem neuen, unerhörten, insofern rätselhaften „Ganzen" gehört.

Dabei tritt zur „äußeren", rationalistischen Dimension der Aufklärung, den „Lumières", noch eine „innere" Dimension: der „Illuminisme", zu dem die dunkle Klarheit (das „clair-obscur") des intuitiven oder instinktiven Wissens gehört. Beide Lichter stehen schon fast in einem dialektischen Verhältnis zueinander. So wird Diderot auch ein instinktiver Denker, der in seinem mitunter atemberaubenden Lavieren zwischen Verrätseln und Erraten, zwischen Verschleiern und Entschleiern im Innern seiner Empfindung gleichsam ein Universum in Gärung und im Werden hervorzubringen vermag, das er als „die Unermesslichkeit der Möglichkeiten" („l'immensité des possibles") bezeichnet.[25]

Dergestalt gleicht er einem Künstler, ja einem Genie, das neue Werke kreiert und die Welt immer wieder neu erfindet. Dabei sucht er die Vernunft gleichsam neu zu bestimmen, in sie Emotion und Intuition zu integrieren (vgl. sein o.e. Ideal eines großen Kunstwerks), womit der Aufklärer über die kühle, entzaubernde Aufklärung hinaus zum Sturm und Drang, fast schon zur Existenzphilosophie voranschreitet.

Die Natur – ein unermesslicher Reichtum

Auf seiner Ideenreise widmet sich Diderot, der glühende Newton-Verehrer, auch nachhaltig der neueren Naturwissenschaft. Als wissenschaftlicher Journalist hat er deren Erkenntnisse ausformuliert und publik zu machen gesucht, wobei er besonders an Pierre-Louis Moreau de Maupertuis, einen Vorläufer der modernen Genetik, und Georges-Louis Leclerc de Buffon, einen Wegbereiter der Evolutionstheorie, anknüpft.

Letzterer hatte 1749 seine berühmte *Naturgeschichte* (bis 1804 insgesamt 44 Bde.) auf den Weg gebracht. Im Gegensatz zu Carl von Linné lehnt er darin ein „künstliches System" in der Natur

Der philosophe bei der Arbeit.
Porträt von Emmanuel Béranger
(Zeichner) und Hippolyte Prudhomme
(Kupferstecher) vor 1854

ab und betont gleich zu Anfang des ersten Bandes, dass der Mensch sich endlich – und dies sei die „erste Wahrheit […], die für diesen etwas demütigend" sein könne – in die „Klasse der Tiere" einordnen müsse, denen er hinsichtlich der „körperlichen Beschaffenheit durchgängig" gleiche.[26]

Wie bereits in der enzyklopädischen Ausrichtung sichtbar werdend, plädiert Diderot nachhaltig für eine empirische respektive sensualistische Erfassung der Natur: für die experimentelle Methode („physique expérimentelle"), die in der sammelnden Beobachtung, der kombinierenden Reflexion und der prüfenden Erfahrung Gestalt gewinne.

Gegenüber diesem engen Zusammenspiel von Praxis und Theorie sei die bisher bevorzugte spekulative Naturphilosophie scholastischer Observanz, der pure Rationalismus des 17. Jahrhunderts mit seinen apriorischen (mathematischen) Regeln, endgültig überholt, womit man die Welt klar zu erkennen meinte.

Diesen Regeln, so exakt sie auch auf den ersten Blick sein mögen, setzt Diderot den „unermesslichen Reichtum" der Natur und ihrer Wunder entgegen, die immer „ein Geheimnis" bliebe. Sie solle primär vom geduldigen wie begabten Wissenschaftler erforscht werden, den der atheistische Aufklärer als „Geist von göttlicher Inspiration" bezeichnen kann. Für ihn gelte es, mit feinem, fast schon intuitivem Spürsinn hinter den Phänomenen die „allgemeine Kette" zu erkennen: den verborgenen „Mechanismus", den die Natur „auf unendlich verschiedene Weise zu variieren" scheint. Und bei diesem Spiel muteten die Naturvorgänge wie Hieroglyphen oder unendliche Tonfolgen an (vgl. bes. seine aphoristische Schrift *Gedanken zur Interpretation der Natur*, 1754).

Man müsse dabei, so Diderot weiter ausführend, ausschließlich nach dem „Wie" und nicht mehr nach einem Endzweck fragen. Dieser sei unerklärlich! Somit sei Wissenschaft nach Diderot, der hierbei wiederum an seine kunsttheoretische Anschauung anknüpft, nicht als Spiegel der sich stets wandelnden Natur zu verstehen, sondern als ein autonomes, auf der Zeichenhaftigkeit von Erkenntnis basierendes Erklärungsmodell, dem keine Wahrheit im üblichen Sinn zukomme.

Gegenüber diesem dynamischen Weltbild stellt der philosophe das eben vom Rationalismus des 17. Jahrhunderts noch gestützte, von Überschaubarkeit und statischer Prägung bestimmte christlich-teleologische Weltbild mit seiner Vorstellung von der ‚Konstanz der Arten' hintan. Dieses war schon lange zerbrochen; Raum und Zeit hatten sich ins Unendliche ausgedehnt. Die Kirche hatte vor langer Zeit ihre unantastbaren Glaubenssätze in Stein gemeißelt – sie waren allerdings zum Anachronismus erstarrt.

Die grosse Kette des Lebens

Sein rastloses Suchen hat Diderot auf einen langen, eigentümlichen Denkweg geführt, auf dem er, wie erwähnt, in überaus eklektischer Weise vorgeht und zumeist nur im Zickzack vorankommt.

Er lässt sich dabei besonders von der Antike inspirieren (u.a. von der ionischen Naturphilosophie, von Epikur und Lukrez) und blickt gleichsam über das Christentum hinweg zurück, um nach vorne schauen zu können: in die Moderne. Daneben stehen neuzeitliche Richtungen: neben der zeitgenössischen Naturwissenschaft besonders Spinoza (der wirkungsvolle Vertreter des Pantheismus [gr. „All-Gott-Lehre"], wonach Gott und Welt zusammenfallen und dieser als einzige Substanz sich uns in zwei Attributen zu erkennen gibt: in Ausdehnung [Materie] und Denken [Geist]); das englische Aufklärungsdenken (Bacon, Newton, Locke) und Leibniz (mit seinem Entwicklungsgedanken wie seiner Vorstellung von den Monaden [gr. *monas*, Einheit] als dynamischem, unteilbarem Ganzen).

Zudem kennt er das berüchtigte religionskritische Testament des Priesters Jean Meslier (1664–1729), das um 1735 auch in Paris heimlich zirkuliert und in zahlreichen Abschriften eine große Leserschar findet. Der Landpfarrer aus den Ardennen vertritt darin als einer der ersten Gelehrten der Neuzeit eine entschieden atheistisch-materialistische Weltsicht, die zudem eine sozialistisch geprägte Konzeption der Gesellschaft darbietet.

Als Jesuitenschüler angetreten, gelangt Diderot auf seinem Weg vom Theismus der frühen Jahre – mutig voranschreitend – über den Skeptizismus, den Deismus und einen nach allen Seiten hin „offenen" Atheismus hin zu einem dynamisch geprägten materialistisch-monistischem Weltbild: zu einem vitalistischen resp. hylozoistischen Materialismus und Pantheismus.

Diese Sichtweise hat er besonders in seiner dialogischen Trilogie von *D'Alemberts Traum* (1769, ersch. 1830) skizziert, einer materialistischen Dialektik und Poetik. Demnach rühren alle Formen des Lebens von der schöpferisch-evolutionären Materie her; Leben und Materie bilden somit eine untrennbare Einheit. Mit einem großen Musikinstrument vergleichbar, das unendliche Tonfolgen hervorbringe, so Diderot alias „d'Alembert", als ewige, unendliche Substanz gewissermaßen göttlich-belebt (Hylozoismus; gr. hyle, „Stoff", „Materie"; zoe, „Leben") oder beseelt („Hylopsychismus"; psyche, „Seele", ursprünglich „Atem", „Hauch");

ihre Atome und Moleküle besäßen das „Empfindungsvermögen als allgemeine Eigentümlichkeit".

In erhabenen, religiös anmutenden Worten, die bisweilen an Lukrez' Lehrgedicht *Über die Natur der Dinge* (lat. De Rerum Natura, 1. Jh. v.u.Z.) erinnern, vermag Diderot die Materie zu umschreiben und dabei abermals sein ästhetisches Ideal durchscheinen lassen. So kann er ihre „innere Kraft" der Anziehung bewundern und sie als „tätige, empfindsame Natur" oder als „das Ganze" bezeichnen: als eine lebendige, organische Einheit in der unendlichen Mannigfaltigkeit. Dergestalt manifestiere sie sich als das große, umfassende und beseelte, ja ewig-göttliche Individuum: als das All, das „unaufhörlich beginnt und endet" und im fortwährenden Fluss der Verwandlung und des Übergangs konstant bleibe.

Auch mit einem Füllhorn unzähliger Möglichkeiten vergleichbar, bringe die Materie im Entwicklungsprozess molekularer Zusammenspiele mittels unendlicher, fortwährend steigernder Mutationen – von der Urmaterie über Minerale, Pflanzen, Tiere und Menschen – Myriaden von Lebewesen hervor. In ihr sei alles miteinander verbunden oder vernetzt; alles hänge an einer „großen Kette" zusammen – eine Vorstellung, die sich bereits in der Vision einer „goldenen Kette" bei Homer findet (Ilias, Buch 8, Vers 19 u. 25) und als „aurea catena Homeri" („goldene Kette Homers") sprichwörtlich wurde – und gehe „im [ewigen] Kreislauf" ineinander über. Somit bedeute Leben und Sterben, so Diderot weiter ausführend, lediglich „die Gestalt [zu] wechseln" – heute sei man Mensch, morgen indes Tier, Pflanze oder Staub.

Was die Lebewesen früher einmal gewesen seien, wisse man ebenso wenig wie das, was sie in unendlichen Zeiträumen werden können. Jedem eigne ein bestimmtes Selbstgefühl, jedes sei „ein Bündel von Empfindungen" und berge das „eigene Glück und Unglück" in sich. Und so gebe es „in der ganzen weiten Natur" – „vom Elefanten bis herunter zum Blattläuslein", bis zum

„empfindsamen, lebenden Molekül, dem Ursprung von allem" –
keinen einzigen Punkt, der „nicht leidet oder sich freut".

Ein Kind von „Stiefmutter Natur"
oder „Blumen auf dem Lebenspfad"

Auch die zukunftsweisende Trilogie musste der Freidenker
zunächst der Schublade anvertrauen. Darin hatte er dem
Menschen eine bescheidene Rolle zugeteilt. Dieser ist jetzt nicht
mehr, wie etwa in der christlichen Religion, Krone im Schöp-
fungswerk eines vermeintlich providentiellen Gottes, sondern
Teil oder das evolutionäre Werk (oder gar ein Irrläufer) der Natur
und zugleich deren Bewusstsein. Und diese sei dem Schicksal des
Menschen gegenüber indifferent. Diderot kann sie als „Stiefmut-
ter" bezeichnen. Dank seiner Vernunft besitze er noch eine Sonderstellung; letztlich sei er jedoch nichts mehr als eine vorläufige
Erscheinung „im unermesslichen Urmeer der Materie", wobei er
„immer [er] selbst" und doch „keinen Augenblick derselbe" sei.

Damit hat Diderot den externen Schöpfergott, christlicher oder
deistischer Couleur, endgültig aufs Altenteil geschickt. Dieses
Gottesbild rühre von der Unwissenheit, Ängstlichkeit und vom
Glücksbedürfnis des Menschen wie auch vom „Priesterbetrug"
her, wie Diderot und seine radikalen Mitstreiter betonen. Ebenso
sei die christliche Moral eine Verirrung, sie stehe der Natur entgegen und bürde dem Menschen anstelle der wesentlichen sozialen
Pflichten schimärisch geistliche Zwänge auf.

Zudem seien überhaupt die christlich-antiken Dogmen schon
lange vergilbt; die Bibel, besonders das Alte Testament, enthalte
obskure Geschichten, ja abenteuerliche Räuberpistolen, die eines
Gottes nicht würdig seien, und das repressive Christentum habe in
den zurückliegenden Aberhunderten von Jahren eine blutige Kri-
minalgeschichte veranstaltet, die jeglichem Wahrheitsanspruch
ohnehin zuwiderliefe.

Und so sei der Unglaube und die Zuwendung zur Natur, wie Diderot meint, die Voraussetzung für die wahre Philosophie und Moral. Euphorisch kann er ausrufen: „Gib dich der Natur, gib dich der Menschheit, gib dich dir selbst wieder – und du wirst überall Blumen auf deinem Lebenspfad finden "[27] Er weiß aber auch, dass Bildung und Aufklärung dem Großteil des (ungebildeten) Volkes den Krückstock der bevormundenden Religion nicht aus der Hand nehmen könne.

Letzteres weiß auch Voltaire, der immer wieder die erzieherische Notwendigkeit der Religion betont, die das Volk mittels des Glaubens an Strafe und Belohnungen nach dem Tod in Schranken hielte. Von ihm stammt das bekannt gewordene Diktum: „Wenn Gott nicht existierte, müsste man ihn erfinden." Demgegenüber kritisiert er mit seinem ebenfalls berühmten Kampfruf „Écrasez l'infâme!" („Zermalmt die Niederträchtige!") die intolerante Kirche mit ihrem Aberglauben und ihrer Bevormundung des Denkens. Wie zahlreiche andere Aufklärer (etwa Rousseau und besonders englische Gelehrte) weiß sich der Deist Voltaire in seinem Eintreten für Freiheit und Toleranz weitgehend von einem universalen, optimistisch gestimmten Gottesbewusstsein getragen, das jedoch nach dem Erdbeben von Lissabon 1755 einen harten Dämpfer erhält.[28]

„Die Lust hat dich aus dem Nichts gezogen"

Mit seinem evolutionistisch-humanistischen Menschenbild hat Diderot den vorherrschenden Descartes'schen Dualismus von *res cogitans* (das „denkende Ding" oder Substanz, sc. Geist, Seele) und *res extensa* (das „ausgedehnte Ding", sc. Materie, Leib) zu überwinden vermocht und betrachtet den Menschen als einheitliches Wesen. Geistiges und Körperliches sind aus einem Guss; sein Denken und seine seelischen Regungen gehen vollständig auf Materie und Bewegung zurück; sie erwachsen aus den Empfindungen der sich berührenden Atome, mittels eines Netzes von Fasern.

Demzufolge ist auch sein Wille determiniert, seine moralischen Vorstellungen bezeichnen lediglich verschiedene physiologische Befindlichkeiten. Aus dieser Sichtweise erschließen sich die beiden Grundwahrheiten: Existieren – also auch Denken – bedeutet nichts anderes, als in Bewegung zu sein (wir könnten auch sagen: Leben bedeutet verschieben: der Körper verschiebt die Nahrung, der Autor verschiebt Buchstaben …); die Physiologie des Menschen bildet den Ansatzpunkt der (Natur-)Erkenntnis.

Entgegen dem im Christentum vorherrschenden Menschenbild mit seiner Abwertung des Körpers als irdischer Hülle voll sündiger Begierde erlangt dieser bei Diderot eine durchaus positive Stellung. Der Mensch – ein komplexes, ein widersprüchliches Wesen, oft zwischen intellektueller Überzeugung des Kopfes und instinktivem Verlangen des Herzens hin und her gerissen – werde als Kind der Natur primär von der sinnlich-körperlichen Empfindung geleitet: von den irrationalen Triebkräften oder vom Instinkt, den Grundkonstanten der menschlichen Natur.

Die Lust verbinde Körper und Geist; sie sei unser höchstes Ziel; sie habe sogar einen jeden Menschen „aus dem Nichts gezogen", so Diderot in seinem poetisch klingenden Enzyklopädieartikel über *Genuss*, eine Ode an das Leben und die Liebe. Die Vernunft sei demgegenüber von unserer körperlichen Verfassung abhängig; sie vermöge jedoch unsere Antriebskräfte zu steuern (oder auch zu unterdrücken, was freilich zu ungesunden Auswüchsen führe) und so unser Leben zu verbessern.[29]

Bei der sich daran anknüpfenden Frage nach der ethischen Lebensgestaltung kann der Moralist Diderot sich sodann am Hedonismus orientieren: an der naturgemäßen Befriedigung der menschlichen Bedürfnisse, die sich in der Zuwendung und Liebe zum Leben realisiert. Er favorisiert eine Art vernünftigen Hedonismus, der auch die Ataraxia (gr. Seelenruhe) als Lustgewinn einschließt, und betont dabei durchaus die schöpferische wie

denkerische Fähigkeit des Menschen und seine soziale Verant-
wortung, wie er auch der Leidenschaft und Sexualität als spieleri-
schem Ausdruck der Natur große Beachtung schenkt.

Der Mensch lebe zwischen Realität, Ahnung und Fiktion, wie
ein Künstler oder Betrachter eines Kunstwerks stets aufs Neue
seine eigene Welt erzeugend; der Sinn seines Lebens sei freilich
nicht zu verstehen. So kann Diderot, von einem gelassenen Pes-
simismus getragen, resümieren: Man „weiß nicht, woher man
kommt, warum man gekommen ist, wohin man geht"; man werde „dumm inmitten von Schmerz und Geschrei geboren" und sei
„der Spielball der Unwissenheit, des Irrtums, der Bedürfnisse, der
Krankheiten, der Leidenschaften", und dies werde als „das größte
Geschenk unserer Eltern und der Natur bezeichnet, als das Leben". Der Tod indes sei keineswegs furchterregend, ihm solle man
gleichmütig gegenübertreten.

Mit seinen Vorstellungen eines dynamischen Materialismus
hat der französische Aufklärer die moderne Evolutionstheorie
Darwins angekündigt und ebenso auf den dialektischen Materialismus des 19. Jahrhunderts (Marx, Engels und Lenin) eingewirkt.
Anders als diese Richtung ist der Diderot'sche Entwurf jedoch
völlig undogmatisch; er ist, ähnlich wie seine atheistische Sichtweise, nach allen Seiten hin offen. Und dabei scheut Diderot, der
Wolkenmacher, der verhüllen, aber auch enthüllen kann, weder
Paradoxie und Dunkelheit noch den Verzicht auf die systemati-
sche Konstruktion.

Nicht zu Unrecht hat Elisabeth de Fontenay diesen Entwurf als
„verzauberten Materialismus" bezeichnet. Der Aufklärer habe, so
die französische Philosophin, „mit voller Stimme der Vernunft die
Materie, das Leben, die Natur zu besingen gewusst". Er habe, auf
die Wissenschaft gestützt, von „der Wirklichkeit geträumt" und
zudem eine „Totalität eingefordert, die niemals totalitär" werden
könne, weil sie „dem Sinn die Sinne" vorziehe und „der Ordnung
die Abweichungen".[30]

Weniger verzaubernd indes klingen manche seiner dialektischen Aussagen – wenn er etwa vom Entsetzen spricht, das „uns alle vor dem Nichts ergreift" –, die den in dieser Epoche allmählich heraufziehenden Nihilismus erahnen lassen – mit seiner finalen Vorstellung vom spurlosen Verschwinden des Homo sapiens im unendlichen kosmischen Geschehen. (→ KAP. III.)

Er redet „wie ein Socrates" und schreibt „mit kochender Tinte"

Derartige revolutionäre Gedanken kann Diderot, der Mann der Freundschaft, zumeist nur im philosophischen Freundeskreis austauschen. Mit Vorliebe besucht er dazu den vom deutschstämmigen Baron Paul-Henry Thierry d'Holbach eingerichteten Salon.[31]

Jener tut sich nicht nur als generöser Gastgeber hervor, der seinen Gästen zumeist edle Speisen und auserlesene Weine kredenzt, sondern auch als Autor. Der kosmopolitische Kopf ist der standhafteste Exponent des atheistischen Materialismus, und sein *System der Natur* von 1770 gilt als das Hauptwerk des französischen Materialismus. Vermutlich hat Diderot daran mitgearbeitet, er weist jedoch Holbachs wie auch La Mettries und Claude Adrien Helvétius' mechanistische Akzentuierung des Materialismus zugunsten seines dynamischen Systems nachhaltig ab (vgl. seine *Fortlaufende Widerlegung des Werks von Helvétius mit dem Titel „Der Mensch"*, 1773–1775).

Holbachs Philosophenrunde, der Voltaire kritisch gegenübersteht, gilt als „Zitadelle der Enzyklopädisten" und wird auch von illustren ausländischen Gästen besucht, die in Paris weilen, unter anderem vom schottischen Philosophen David Hume oder auch (wahrscheinlich) von Benjamin Franklin, einem der Gründungsväter der USA. Sie entwickelt sich zum Zentrum der radikalen Aufklärung im vorrevolutionären Frankreich, in dem ohne Tabus

Diner unter Philosophen (1772/1773) von Jean Hubert.
Mit erhobenem Arm Voltaire, rechts außen sitzt Diderot

Ideen der neuen Zeit diskutiert werden. Seine Teilnehmer plädieren nicht nur für eine humanere, von Demokratie und Freiheit geprägte Gesellschaftsordnung, in der auch die Gleichheit der Geschlechter verwirklicht sein sollte, sondern bringen auch neue Sichtweisen von Gott und Welt zur Sprache. Und mittendrin steht Diderot.

Die Konversation mit diesem Improvisationstalent gestaltet sich, wie Zeitgenossen berichten, oft zu einem eindrücklichen Erlebnis. Sein Diskussionsstil ist zumeist ausnehmend lebhaft und zupackend; mitunter kann er aber auch ziemlich ausschweifend werden. Er rede „wie ein Socrates" (so Laurence Sterne) und spricht mit „leuchtendem Gesicht"; er ist „phantasievoll", „über-fließend von Ideen. Niemand war milder als Diderot. Er schenkte den anderen seinen Witz" (André Morellet).

Ähnlich beschreibt ihn auch der Politiker Charles Brosses, wenn er von einem „Feuerwerk" spricht, das nicht enden will. Der Aufklärer sei ein „freundlicher Bursche und scharfsinniger Den-ker", der jedoch „ständig in Exkurse abschweife. Gestern zählte ich in der Zeit von neun bis ein Uhr, während der er bei mir […] war, derer fünfundzwanzig." So verwundert es nicht, wenn Jean-François Marmontel meint: „Wer Diderot nur aus seinen Schriften kannte, hat ihn nicht gekannt."[32]

Trotz seines intellektuellen Höhenflugs trägt Diderot, der ei-nem überaus regen gesellschaftlichen Leben nachgeht, die bür-gerliche Gesinnung in seinem Herzen. Der „großgewachsene, grobgehauene Mann, der einem Kofferträger" gleicht und „ewig" mit „einem schwarzen Anzug [und] grauen Socken" bekleidet ist[32a], versteht sich als ‚arbeitender Mann des Volkes'. Er hasst die Perücke und meidet – anders als etwa der Weltmann Voltaire oder auch Grimm – das Parkett der eitlen höfischen Welt.

Stattdessen sucht er die Tugend über alles zu stellen und opfert sich mit großer Freigiebigkeit oft bis zur Unvernunft für andere auf. Seine Tochter berichtet von seinem Arbeitszimmer, das über Jahre hinweg nichts anderes als ein „Laden" ist, in dem „die Kun-den aufeinander folgten", die „seine Geldbörse, seine Talente oder seine Vermittlung" brauchten.[33]

Die Welt des Adels stellt sich jedoch bei ihm zuhause ein: wenn sein Freund Grimm Edelleute aus ganz Europa auf ihrer Kava-lierstour durch Paris in sein Arbeitszimmer im Dachgeschoss des vierten Stocks führt, um ihnen – gleichsam als „Sehenswürdig-keit" – einen leibhaftigen französischen „philosophe" zu präsen-tieren. Dabei zeigt er sich zumeist verkleidet im „Hausrock" und zuweilen auch mit der „Schlafmütze" auf dem Kopf, womit er ein Bild für die Götter abgibt.

Keineswegs schlafmützig hingegen erweist sich Diderot in seiner umfangreichen Korrespondenz. Sie vermittelt aufschlussreiche Informationen über das geistige Klima des Aufklärungszeitalters wie auch über das Alltagsleben im Ancien Régime und läßt ihn zu einem der großen Briefschreiber des 18. Jahrhunderts werden, der das Briefeschreiben als „die Kunst" ansieht, „die Arme zu verlängern". Heute liegen uns über tausend Briefe vor (COR, 16 Bde., 1955–1970, vgl. Anhang A).

Berühmt geworden sind besonders seine 187 erhaltenen Schreiben an die kongeniale, „zärtlich geliebte" Sophie Volland, das „Glück meines Lebens", mit der er seit 1755 über zwei Jahrzehnte hinweg einen langjährigen, heimlichen Liebes- und Freundschaftsbund pflegt. Er zeigt sich darin nicht nur als glühender Liebhaber; er breitet auch eine riesige Vielzahl von Themen aus und stellt sein erzählerisches Talent unter Beweis, wie er auch sein Inneres öffnet, womit er den Reichtum seines Geistes und Gemüts wie seine höchst ambivalente Persönlichkeit durchscheinen lässt. Bis heute findet vor allem diese Briefsammlung eine große Leserschaft. Zu ihr zählte auch Ludwig Börne, der sich sehr von der Lektüre beeindruckt gab: Der alte Junge schreibe oft „mit kochender Tinte".[34]

„Weiß man je, wohin man geht?"

Sein schreiberisches Geschick beweist Diderot auch in seinem erzählerischen Werk. Dazu gehören, bereits in früheren Jahren, publizistische Beiträge, worin dank seiner pointierten Skizzen wie seiner metaphorischen Sprache, seines Witzes und seiner Skepsis vor jeglicher festzementierten Wahrheit durchaus die moderne Publizistik anklingt.

Seine Aufsätze und Rezensionen erscheinen besonders in der von Grimm begründeten *Correspondance littéraire* (1753–1793; CL), einem handschriftlichen Journal, das an europäischen Fürstenhöfen von St. Petersburg über Berlin bis nach Florenz kursiert. Es ist das Sprachrohr der französischen Aufklärung und gilt überdies als eines der wichtigsten Nachrichtenorgane des 18. Jahrhunderts. Auch Goethe und Mozart zählen zu ihrem Leserkreis.

In der CL erscheinen auch die *Salons* sowie Romanauszüge und kleinere Prosaarbeiten, wie die *Klage um meinen alten Hausrock* (1772), eine amüsante Betrachtung über den Luxus. Auf dieses novellistische Meisterwerk geht der „Diderot-Effekt" zurück, wonach der Kauf eines Gegenstands eine „Konsum-Kettenreaktion" auslöst, um ein passendes Gesamtbild zu schaffen. Bekannt wird auch die balladeske Novelle *Die beiden Freunde von Bourbonne* (1773, dt. bereits 1772), ein Hohelied der Freundschaft, das nicht zuletzt Goethe und der Sturm und Drang begeistert. Mit derartigen Erzählungen avanciert Diderot zu einem Vorläufer der modernen Kurzgeschichte.

Einen noch größeren Eindruck erzielt der Autor mit seinen drei späterhin verfassten Romanen, die besonders von Samuel Richardson beeinflusst sind, der das Genre des empfindsamen Romans begründet hatte. Auch sie wenden sich, ähnlich wie die Dramen, gegenüber dem bisherigen Romantyp mit seinen oft gekünstelten Geschichten der von großer Themenvielfalt und Beziehungsreichtum geprägten Lebenswirklichkeit zu. Und dabei suchen sie vor dem Hintergrund des neu gewonnenen materialistisch-evolutionären Menschenbildes die aufklärerischen Motive mit den Kräften des Gemüts und der Empfindsamkeit zu verknüpfen und lassen so durchaus das Lebensgefühl der Moderne, ja schon der Postmoderne durchscheinen.

Diderot stellt überkommene Muster in Frage und weiß auch in seinen Romanen um die Wirkungsmacht von Illusion und Fiktion. Sein Ziel ist es, die fragile menschliche Existenz zu eruieren – in ihrem Zwiespalt zwischen Wirklichkeit und Ideal, in ihrem ständig irrenden Streben, der eigenen, seelischen wie der gesellschaftlichen Welt in der Vielschichtigkeit des alltäglichen Lebens Sinn zu verleihen. Dabei wird sie immer wieder von der Frage eingeholt: „Weiß man je, wohin man geht?" (so Diderot im Roman von *Jacques und seinem Herrn*).

Das vorherrschende stilistische Moment ist der Dialog, der bisweilen das Fluidum der Salonunterhaltungen atmet und die dialektische Denkweise zur Entfaltung bringt. Diderot sucht immer das Gegenüber und vermag, mittels spielerischer Assoziation den Leser in den Diskurs einzubinden, dem er dann auch die Beantwortung der vielfach aufgeworfenen (existentiellen) Fragen überlassen kann. Getragen wird sein Konversationsstil von einer schwungvollen, dramatischen Lebendigkeit. Diese vermag die geschichtliche Realität und Fiktion kunstvoll zu verweben und in menippeisch-satirischer Weise das Ernste mit dem Heiteren zu verbinden.

Zudem besitzt Diderot, ähnlich wie in seinen Theaterstücken, Sinn für das Szenische und Gestische. Zielpunkt ist ihm stets das Glück und Wohlergehen des Einzelnen und der Gesellschaft, wobei er die vorbildliche Maxime aufzustellen weiß: „Der glücklichste Mensch ist derjenige, der die meisten glücklich macht."

„Ein guter Tisch, gute Weine, schöne Weiber"

Zu seinen großen Romanen zählt die aufwühlende Klostersatire *Die Nonne* (entst. um 1760, voll. 1780, ersch. 1796), ein Werk der Aufklärung wie der Empfindsamkeit. Bei dessen Abfassung soll der philosophe zu Tränen gerührt gewesen sein.

Vom aufsehenerregenden Prozess einer Ordensschwester 1758 angeregt, die vergebens die Aufhebung der ihr aufgezwungenen Gelübde erstrebte, erzählt er den tragischen Leidensweg einer jungen Nonne wider Willen. Ähnlich wie in seinen bürgerlichen Dramen fließen Wirklichkeit und Dichtung ineinander. Ihre Leidensstationen führt die tiefreligiöse, junge Heldin namens Suzanne Simonin, die mit bewundernswerter Willenskraft um ihre Freiheit kämpft, durch drei Klöster. Dort begegnet sie einer fanatischen und lesbischen Oberin, ehe ihr Weg schließlich mit der Flucht aus dem monastischen Gefängnis endet.

In seiner Schilderung tritt Diderot nicht nur als Vorkämpfer für die Freiheit des Menschen auf; er erweist sich auch als feinsinniger Psychologe, wenn er die Auswirkungen des widernatürlichen Klosterlebens mit seinen tiefen seelischen wie körperlichen Abgründen aufzeigt und zerrüttete Charaktere beschreibt. Damit geht eine in Bildern des barocken Märtyrerdramas gekleidete scharfe Anklage gegen die Institution des Klosters einher – der Romancier will so die Kirche mit ihren eigenen Waffen schlagen –, die der Gesellschaft lebensfrohe Menschen entziehe und sie ihrem Selbst entfremde. Demgegenüber verweist er auch in Absetzung vom „Einsiedler" Rousseau dezidiert auf die schlichte Botschaft von der gesellschaftlichen Natur des freiheitsgesinnten Menschen: „Der Mensch ist für die Gesellschaft geboren." Sie allein kann ihn zu seiner (glücklichen) Bestimmung des Lebens führen!

Bei seinem Erscheinen 1796 kann der Roman geradezu als Bestätigung der von der Revolution herbeigeführten neuen Ordnung angesehen werden, die 1790 die Aufhebung der Klöster und Orden mit sich gebracht hat. Im darauffolgenden Jahrhundert wird er jedoch von der Kritik zumeist als anstößig verrissen. Im 20. Jahrhundert hingegen erlebt das Werk neben zahlreichen Neuauflagen gleich mehrfach filmische Umsetzungen. Ihre wichtigste Bearbeitung, eine unter der Regie von Jacques Rivette erfolgte werkgetreue Verfilmung von 1966, provoziert zunächst sogar Verbote. Auch anlässlich von Diderots Jubiläumsjahr 2013 entstand unter der Regie von Guillaume Nicloux eine moderne Neuverfilmung; in der deutsch-französisch-belgischen Produktion spielen unter anderem Pauline Étienne, Isabelle Hupert und Martina Gedeck.

Auch in seinem an Horaz erinnernden, satirischen Dialogroman *Rameaus Neffe* (1762–1773, im Original ersch. 1891), den Goethe 1805 auf Schillers Anregung übersetzt, wartet Diderot mit Kritik auf und variiert zugleich zwischen nüchterner Reflexion und Überschwänglichkeit.

Die Handlung umfasst ein lebendiges Gespräch zwischen zwei komplementären Personen im Pariser Café de la Régence im Palais Royal: zwischen einem Moralphilosophen wie angesehenen Bürger („Ich") und dem erfolglosen Musiker Jean-François Rameau („Er"), einem Neffen des berühmten Komponisten Jean-Philippe Rameau und stadtbekannten Original, das sich mitunter auch als beeindruckender Pantomime in Szene zu setzen weiß. In beide Gestalten, von denen jeder bisweilen auch die Position des anderen einnimmt, projiziert Diderot, gleichsam mit sich selbst streitend, sein eigenes spannungsreiches Wesen und Denken.

Der illusionslose wie konfuse Jean-François Rameau verkörpert einen wahren Pulcinella. Durch seine ständigen Widersprüche, mit denen er die korrupte Gesellschaft des Ancien Régime aller noch so eleganten Bemäntelung entkleidet, treibt der sensualistische Pragmatiker und amoralische Materialist die Wahrheit hervor und erweist sich solcherart als Spiegelbild der heuchlerischen Gesellschaft.

Dabei beleuchtet der philosophische Clochard, der aufgrund seiner Ehrlichkeit durchaus Größe besitzt, auch die menschliche Natur, die stets zwischen egoistischem Luststreben und verantwortungsvoller Moral schwankt. Angesichts der Zufälligkeit des Lebens und seiner rätselhaften Verschlungenheit kann er den Rat erteilen: Es sei das wichtigste, sein Geld für einen „guten Tisch, gute Weine, schöne Weiber, Vergnügen von allen Farben" zu verwenden. Und überdies sei die Tugend nicht „für alle Welt"; „man lobt" sie zwar, aber „man hasst sie", und überhaupt sei „die Stimme des Gewissens und der Ehre sehr schwach, wenn die Eingeweide schreien".

Dialogisch ist auch der pikareske, sozialkritische „Anti-Roman" von *Jacques, dem Fatalisten, und seinem Herrn* (1765–1784, ersch. 1796) gestaltet, womit sich der Polygraph ebenfalls in die Weltliteratur eingeschrieben hat. Er ist besonders von Laurence Sternes *Tristram Shandy* (9 Bde., 1759–1767) beeinflusst und wartet mit parodistischen Anklängen an Cervantes' *Don Qui-*

Jacques belehrt seinen Herrn:
„Dort oben steht es geschrieben."
Illustration von Maurice Leloir (1884)

jote (2 Tle., 1605/15) wie auch mit mehreren Liebesgeschichten auf; zudem lässt er prophetisch die kommende Revolution aufblitzen. Vor allem aber sinniert Diderot über Sinn und Unsinn des Lebens und geht heiter-ironisch dessen Irrwegen nach, wobei er abermals – und dabei fast Kierkegaard, den Wegbereiter der Existenzphilosophie, vorwegnehmend – das Paradox der menschlichen Existenz durchmisst. Dazu greift er eines der großen Themen der abendländischen Philosophie auf: die Frage nach dem freien Willen des Menschen, und beleuchtet dabei die Antinomie von Willensfreiheit und Determinismus.

Erprobt wird jene in vielfältigen Lebenssituationen anhand der sozialen Beziehung zwischen dem adligen, trägen Herrn und seinem pfiffigen Knecht Jacques, die ohne erkennbares Ziel – vermutlich von Paris nach Langres – zu Pferd durch Frankreich reisen. Jacques orientiert sich besonders an Spinoza und verkörpert einen stoischen Fatalisten wie einen Vertreter des Naturrechts. Und so lautet sein Lieblingsspruch: „Es steht alles in der himmlischen Schicksalsrolle geschrieben." Dennoch ist er durchaus initiativ gesinnt und weiß seinen Herrn bisweilen in den Schatten zu stellen.

Munter berichtet Jacques von seiner Liebesgeschichte, die als ‚roter Faden' dient. Er wird jedoch fortwährend von mancherlei Ereignissen unterbrochen, die wiederum Anlass zu neuen, verwirrenden (satirischen) Geschichten oder zu Kommentaren, amüsanten Anekdoten und ideenreichen Gedankenfäden geben, die sich verschlingen und auch wieder entflechten und so den Fortgang der Erzählung spielerisch umranken. Ständig wechselt die Erzählperspektive und die Erzählweise – einzig der Zufall führt in den von kontrafaktischen Überlegungen durchzogenen Geschichten Regie. Nur er vermag aus der unendlichen Zahl der Möglichkeiten solche beliebig auszuwählen und sie zum völlig unerwarteten Ereignis zu verknüpfen.

Diderots unabgeschlossener Denkbewegung entsprechend, gelangt die Antinomie zu keiner Auflösung. Stattdessen lässt der überaus vielschichtige Dialog im Miteinander von Realität und Schein immer wieder den dialektischen Bezug von Wirklichkeit (Eingebundensein in den alles bestimmenden Kausalzusammenhang) und Wahrheit (gewisser Spielraum der Entscheidungsmöglichkeit) aufleuchten, der sich als Fiktion entpuppt, als eine Hervorbringung des menschlichen Vorstellungsvermögens. (→ KAP. VII.)

„Papier ist geduldig"

Ab etwa 1770 beginnt Diderots Alterswerk, in dem er dank seiner Volubilität viele seiner Ansichten revidiert. Neben den Romanen stehen nunmehr vermehrt politische Schriften, in denen ebenfalls das neue Lebensgefühl vernehmbar wird.[35]

Bereits in den Jahren zuvor hat sich sein Fortschrittsoptimismus spürbar abgeschwächt; je länger, je mehr wurde er von den gesellschaftlichen Missständen ernüchtert. Nach zwischenzeitlichen Zugeständnissen dem aufgeklärten Absolutismus gegenüber kann er nunmehr als entschiedener Verfechter der ,vernünftigen Ordnung' der Demokratie die politische Frage eindeutig beantworten. Er steht dabei vor allem in der Tradition Lockes und Montesquieus, den Begründern der demokratischen Lehre von der Gewaltenteilung.

Im Sinne der Aufklärung entwirft er ein demokratisches Staatskonzept, das er auf dem Naturrecht und der Vertragstheorie (dem Kontraktualismus) und des davon abgeleiteten Gesellschaftsvertrags (frz. „contrat social") aufbaut. Es löst den christlich fundierten Autoritätsglauben an Gottesgnadentum ab und setzt an seine Stelle die Souveränität des Volkes samt ihrer moralischen und institutionellen Rechtsordnungen.

Derartige Vorstellungen vertritt Diderot auch in harschen Worten gegenüber dem Preußenkönig Friedrich II. dem Großen (vgl. *Seiten gegen einen Tyrannen*, 1771, veröff. 1937). Nach anfänglicher Sympathie für die *Encyclopédie* verunglimpft dieser ihre Autoren angesichts ihrer republikanischen und pazifistischen Ideen als „Köter", die man ruhig „blaffen" lassen könne.[36]

Ebenso unterbreitet er Katharina II. der Großen ein von sozialen Reformen getragenes Regierungs- und Bildungsprogramm, das auf die Schaffung einer bürgerlichen Mittelklasse von aufgeklärten und tugendhaften Bürgern abzielt. So greift er in den *Beobachtungen über den „Nakaz"* von 1774, einem kritischen Kommentar zu Katharinas Gesetzesentwurf von 1767, besonders auf seine bereits in der Enzyklopädie dargelegten Überlegungen zurück und stellt gleich zu Beginn seiner Ausführungen klar: „Es gibt nur einen wahren Herrscher: die Nation; es gibt nur einen wahren Gesetzgeber: das Volk."

Die gebildete Katharina verstand sich zwar als aufgeklärt-absolutistische Herrscherin und suchte Russland für das moderne Europa und die westliche Zivilisation zu öffnen. Jedoch regierte sie trotz anfänglicher Reformen ihr Land mit eiserner Faust und war 1762 an der im Zuge eines Staatsstreichs erfolgten Ermordung ihres Ehegatten, Peter III., mitbeteiligt. Diderot konnte sie als eine Mischung aus Brutus und Kleopatra beschreiben.

1765 hatte sie ihm seine Bibliothek abgekauft und ihn als kommissarischen Bibliothekar und „Kulturbeauftragten" angestellt, der Gelehrte und Künstler anwerben und Kunstwerke beschaffen sollte. Damit war der Aufklärer seiner finanziellen Sorgen weitgehend enthoben und konnte der Tochter eine ansehnliche Aussteuer vermachen.

1773 besucht Diderot sodann – nunmehr sechzig Jahre alt – nach langem Zögern die Zarin in St. Petersburg (Oktober 1773– März 1774). Die Hinreise führt ihn zunächst in die Niederlande nach Den Haag, wo er beim befreundeten russischen Gesandten, Prinz Dmitri Alexejewitsch Galitzin, Station macht. Anschließend betritt er deutschen Boden und lernt den „Gefühlsphilosophen" Friedrich Heinrich Jacobi in dessen Sommerresidenz Pempelfort am Rheinufer (bei Düsseldorf) kennen.

Katharina II., die Große.
Ölgemälde von Fjodor Stepanowitsch
Rokotov (um 1770)

In Leipzig sorgt er dann für einiges Aufsehen: Im großen Kreis von Professoren und Kaufleuten predigt er „mit der Hitze eines Schwärmers" über Atheismus und Materialismus (so der protestantische Pastor Georg Joachim Zollikofer, ein beliebter, auch von Goethe geschätzter Kanzelredner der Aufklärungszeit). Der Geistliche weiß den französischen Gast aber auch zu loben, besonders wenn er über die „schönen Künste und Wissenschaften" spricht. Und überdies erkennt er Diderots „leidenschaftlichen" wie „empfindungsvollen" Charakter; er besitze ein „menschenfreundliches

Wesen" und ein „gutes Herz", das aber zugleich „Spuren von heimlicher Unruhe" verrate.[37]

Bei den fast täglichen Gesprächen mit Katharina, die mit ihm ihr Renommee in Europa aufpolieren will, lässt sich Diderot zunächst von ihrem vermeintlichen Reformwillen beeindrucken. Schließlich nimmt er aber den „Gestank von Despotismus" wahr.[38] Und dann verschlägt es dem eloquenten Philosophen die Sprache, als die Gastgeberin ihm nach zahlreichen Unterredungen abrupt entgegnet: „Sie arbeiten nur auf Papier, und das ist immer geduldig – während ich als arme Zarin die menschliche Natur bearbeite."[39] Diderot fühlt sich gedemütigt; er ist mit seinem Versuch gescheitert, die Fackel der Aufklärung ins russische Reich zu tragen.

Um den Besuch, der europaweit Interesse erweckt hatte, ranken sich mehrere Anekdoten, die ihn zumeist in ein dunkles Licht rücken. So soll er Katharinas Geliebter gewesen sein. Eine andere Schwankgeschichte berichtet von einem öffentlichen Streitgespräch, wobei ihn der berühmte Schweizer Mathematiker Leonhard Euler in größte Verlegenheit gebracht haben soll: Dieser behauptet im Brustton der Überzeugung, einen algebraischen Beweis für die Existenz Gottes gefunden zu haben: „Monsieur, $(a+b^n)/n = x$, folglich gilt: Gott existiert; äußern Sie sich bitte!" Der Angesprochene verstummt und fällt schallendem Gelächter zum Opfer. Umgehend kehrt er nach Frankreich zurück.

Gesundheitlich sehr angeschlagen, tritt er im März 1774 die Rückreise an. Die Fahrt gestaltet sich recht abenteuerlich: Gleich drei Kutschen gehen zu Bruch; bei der Überquerung der Dwina verliert er fast sein Leben, nachdem das Eis nachgibt und die Karosse unterzugehen droht. In Hamburg kontaktiert er den Musikdirektor Carl Philipp Emanuel Bach, den er bittet, für seine Tochter unveröffentlichte Musiknoten kopieren zu lassen.

„Denn Freiheit heißt des Volkes Schrei"

Vor allem nach seiner Rückkehr aus der russischen Hauptstadt kämpft der humanistische Aufklärer mit offenem Visier für Freiheit und Demokratie. Fortan weiß er sich zum Anwalt des „Dritten Standes" („le Tiers état") bestellt, der sich vor allem aus dem Bauernstand zusammensetzt und gegenüber den oberen Ständen von Adel und Klerus die Last des Landes zu tragen hat.

Er kann schließlich, sich am Vorbild der Amerikanischen Revolution (1763–1783) orientierend, das Recht auf Widerstand und zur Revolution verteidigen, das den repressiven Feudalismus beseitigen und eine Republik heraufführen soll. Und diese zeichne sich am Horizont ab, wie Diderot bereits 1772 in seiner „berüchtigten" Dithyrambe *Die Eleutheromanen oder Freiheitstollen* meint, in der er sich wiederum zum Künder einer neuen Zeit aufschwingt: „Jetzt schwankt der Thron" – denn „Freiheit heißt des Volkes Schrei".

Das Gedicht sollte vor allem aufgrund der beiden drastischen Verszeilen bekannt werden, die er von dem atheistischen Priester Jean Meslier entlehnt hatte:

„Und seine Hände werden die Därme des Priesters flechten in Ermangelung eines Stricks, mit dem man die Könige erdrosseln könnte."[40]

In seine Kritik schließt der Freiheitskämpfer Diderot nachhaltig den Kolonialismus und die Sklaverei mit ein und ergreift Partei für die sogenannten Naturvölker. Seine Verteidigung mündet in der Vorstellung, wonach das Glück des Menschen letztlich aus der Übereinstimmung von Moral und Gesetz mit der Natürlichkeit hervorgehe: aus der ursprünglichen Einfachheit, die alle künstlichen Normen des unter Zwiespalt leidenden zivilisierten Menschen entlarve.

Schließlich skizziert Diderot die kühne Vision einer „Kette der Eintracht und Wohltätigkeit", welche die gesamte Erde umschließe, auf der alle Bewohner Brüder seien. Dieser Wunsch wie überhaupt seine politische Kritik wird vor allem in seinen etwa 270 Beiträgen in der von seinem Freund Guillaume-Thomas Raynal herausgegebenen *Geschichte der beiden Indien* (6 Bde., 1770, 10 Bde., 1780[3]) vernehmbar.[41]

Das in seiner dritten Auflage nahezu 3 500 Seiten umfassende heterogene Werk nimmt das im aufklärerischen Zeitalter aufblühende Interesse an der überseeischen Welt mit den sich daran anknüpfenden utopischen Entwürfen auf, das sich besonders an den abenteuerlichen Weltumsegelungen, etwa von Thomas Cook oder Louis-Antoine de Bougainville, entzündet hatte.

Weit über die Sammlung des erreichbaren Wissens hinaus wartet es mit politischer Reflexion auf und prangert wie kaum ein anderes Buch Despotie, Kolonialherrschaft und Sklaverei an. Der Blick richtet sich besonders auf die Zerstörung des amerikanischen Kontinents durch die Europäer und schließlich auf die nordamerikanische Geschichte. Dabei spannt es den Bogen vom versklavten Plantagenarbeiter hin zum verarmten französischen Bauern und verweist so – ähnlich wie bereits das von Diderot im *Nachtrag zu Bougainvilles Reise* (1772–1775) gezeichnete Gegenbild von Tahiti – mittels Geographie- und Weltgeschichte auf das Ancien Régime mit seinen himmelschreienden feudalen Missständen.

Infolgedessen zieht die Kolonialenzyklopädie auf allen Kontinenten eine vernichtende Bilanz: Die Entdeckung der Welt sei „ein Unglück für die neu entdeckte Welt, aber auch für Europa selbst!" Mit diesem harschen Urteil stellt es durchaus den „Höhepunkt der Kolonialismuskritik im 18. Jahrhundert in Frankreich" dar.[42]

Ähnlich wie die Enzyklopädie entfacht das revolutionäre Werk heftigen Widerstand. Vom höchsten französischen Gerichtshof als „gottloses" wie „aufrührerisches" Werk bezichtigt, landet es auf

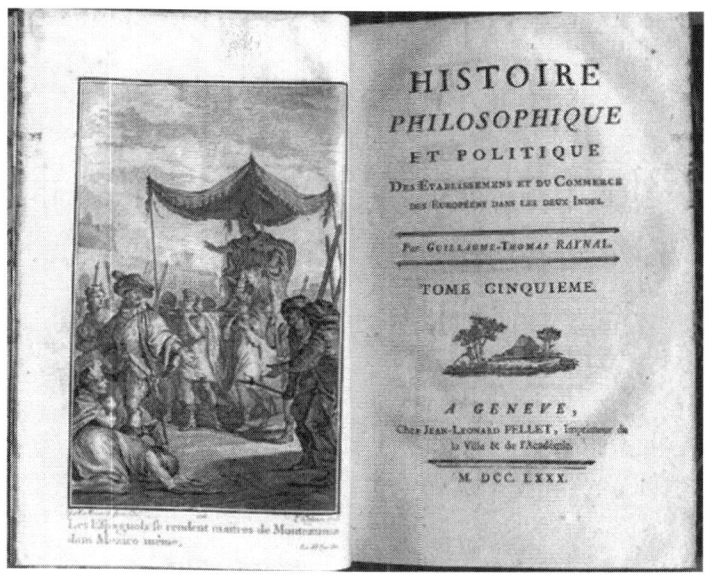

Titel der „Geschichte der beiden Indien" (1780³)

dem Scheiterhaufen. Dennoch erlebt es einen grandiosen Erfolg: über 70 (!) Auflagen und zahlreiche Übersetzungen in europäische Sprachen. Neben Voltaires *Candide* (1759) und Rousseaus *Julie ou la Nouvelle Héloïse* (1761) gilt es in Frankreich als das erfolgreichste Werk in der zweiten Hälfte des 18. Jahrhunderts, und darüber hinaus wird es europaweit eines der meistgelesenen Bücher im Zeitalter der Spätaufklärung.

Trotz des immer wieder betonten Respekts vor anderen Kulturen erweist sich der Ethnograph Diderot in seinen Ausführungen zuweilen als ‚Kind seiner Zeit' und steht jenen nicht immer einfühlsam gegenüber. So kann er, die rationale Elle anlegend, mit (identitätsstiftenden) Mythen oft nur wenig anfangen, wie er auch bisweilen gängige Vorurteile über die jüdische Tradition übernimmt; demgegenüber kann er aber auch den jüdischen Religionsstifter Moses feiern. (→ KAP. VI.)

„Sich aus dem Leben nicht allzu viel zu machen …"

Die strapaziöse Russland-Reise hatte Diderot altern lassen, so dass er in seinem letzten Lebensjahrzehnt kränkelt und sich mehr und mehr zurückzieht. Immerhin gestaltet sich seine Ehe wieder freundlicher.

Oft verfällt er in Melancholie und zweifelt an seinem Lebenswerk; er fühlt sich bisweilen wie ein „geprügelter Hund". Vor allem ist er über die mangelnde Anerkennung seitens der (französischen) Gelehrtenwelt betrübt. Trotz der Fürsprache Voltaires bleibt ihm sogar die Aufnahme in die Académie Française verwehrt. Der interdisziplinäre Wissenschaftler und Herausgeber der Enzyklopädie wird zwar von vielen bewundert – der dialektische Querdenker, der Exzentriker und Atheist wirkt jedoch auf manche akademische Zeitgenossen befremdend. Immerhin ist er unter anderem Mitglied der Königlich-Preußischen Akademie der Wissenschaften in Berlin (seit 1751) und der Kaiserlichen Akademie der Künste in St. Petersburg (1767).

Gleichwohl ist ihm die Begeisterung für die Welt des Geistes nicht abhanden gekommen. Unermüdlich überarbeitet der Vielschreiber etliche seiner Schriften und entwirft neue. So stellt er in Anknüpfung an seine früheren naturphilosophischen Abhandlungen Notizen zusammen und sucht sein humanistisch-materialistisches Menschenbild weiter auszugestalten, wobei er, Darwin wiederum antizipierend, den Affen als Vermittler zwischen Mensch und Tierwelt ansehen kann.

Er betont in seinen Aufzeichnungen wiederholt die Einheit des Lebendigen, indem er Körper und Geist, Biologie, Psychologie und Ethik miteinander verbindet. Diese Einheit sei, so Diderot, als Augenblick im dynamischen Zusammenspiel des Universums anzusehen und begründe womöglich „mit Hilfe des Gedächtnisses die Seele, das Selbst, das Bewusstsein". So sei Leben und Tod als eine Art Abbildung einer Illusion zu verstehen: Wir erfassen lediglich den Schatten, aber nicht die Realität.

Seine ernüchternden, mitunter intuitiven Überlegungen enden mit der stoischen Maxime: „Es gibt nur eine Tugend, nämlich die Gerechtigkeit; nur eine Pflicht, nämlich das Glücklichsein; und nur eine Folgerung, nämlich sich aus dem Leben nicht allzu viel zu machen und den Tod nicht zu fürchten." Die vor allem in den Jahren 1774 bis 1781 entstandene Zusammenstellung erscheint erst 1875 unter dem Titel *Elemente der Physiologie* und nimmt Erkenntnisse der späteren Naturwissenschaften vorweg (u.a. der Neurologie und Psychophysiologie).

Sein letztes großes Werk ist der *Essay über die Herrschaft von Claudius und Nero sowie über die Sitten und Schriften Senecas* von 1782 (2 Tle., kürzere Fassung 1778), in dem auch seine Resignation vernehmbar wird. Sie bringt ihm wiederum seitens der Zensur Ärger ein, und beinahe wäre er noch in der Bastille gelandet.

Der Liebhaber der Antike prangert darin zum einen abermals das korrupte Ancien Régime an, indem er die taciteische Geschichtsdarstellung der Cäsaren Claudius und Nero auf die französischen Regenten seines Jahrhunderts überträgt, und fordert eine demokratische Gesellschaftsform. Zum anderen stellt er Seneca dar, den römisch-stoischen Gelehrten und Erzieher Neros, und verteidigt behutsam dessen ethische und politische Widersprüchlichkeit. (In seinen frühen *Philosophischen Gedanken* von 1746 war er mit dem vielzitierten Philosophen noch hart ins Gericht gegangen.)

Zugleich aber bringt Diderot sich selbst ins Spiel und ist bemüht, seine politische Hypothek abzutragen. Er sucht sich in Seneca widerzuspiegeln, um sein eigenes zukünftiges Ansehen etwas zu erhellen, aber zugleich mit seinem schlechten Gewissen abzurechnen. Wie dieser steht auch er im Dienst einer despotischen Macht und hat gegenüber der großzügigen Katharina eine mitunter zwiespältige Haltung eingenommen.

Und so zieht der zweifelnde Philosoph auch gleichsam die Summe seines Lebens und geht in die Offensive, wobei er seinen Kritikern unverhohlen antwortet und plötzlich von der römischen Antike in die Gegenwart springt und besonders mit dem manischen Rousseau scharf abrechnet. Dieser ist 1778 verstorben und hatte seine Memoiren hinterlassen, seine zur Selbstverherrlichung neigenden *Bekenntnisse* (2 Tle., 1782/1789), die mit zahlreichen Schmähungen gegen Diderot und den Holbach-Kreis aufwarten. So beschimpft er diesen als „Philosophische Rotte" und redet von einer „großen Verschwörung" gegen ihn.

„… und den Tod nicht zu fürchten"

Seit dem Sommer 1781 schreitet der körperliche Verfall zusehends voran, zuweilen wird Diderot etwas wirr im Kopf. Die Ehefrau und die Tochter stehen ihm jedoch treu an der Seite. In jenem Jahr sind bereits mehrere seiner Weggefährten nicht mehr am Leben. 1778 stirbt auch Voltaire, der Diderots radikale Position keineswegs geteilt hat. Kurz zuvor ist Diderot dem 83-jährigen Greis möglicherweise noch in Paris zum einzigen Male begegnet, wobei die beiden Gelehrten über Shakespeare diskutiert haben sollen.

Noch immer liegen wichtige Manuskripte in der Schublade. Viele davon treten erst nach und nach in den beiden folgenden Jahrhunderten auf verschlungenen Wegen ans Licht, wie das Original von *Rameaus Neffe*, das 1890 in Paris auf dem Quai Voltaire bei einem Bouquinisten wieder auftaucht; 1960 erscheint endlich die letzte Schrift, der *Nakaz*.

Die Nachwelt werde ihn besser verstehen, so Diderots große Hoffnung, die ihm in seiner großen Lebenskrise 1759 erwachsen ist, nachdem der Tod seines Vaters, seines großen Urbilds, und das abermals drohende Aus der *Encyclopédie* einen düsteren Schatten auf sein Leben geworfen haben. Er sieht vor seinem geistigen Auge seine innerweltliche Verewigung heraufziehen und vernimmt des Nachts zuweilen ein trostreiches „süßes Flötenkonzert" der Nachwelt. Ja, er vermag diese sogar als Jüngstes Gericht anzusehen und sie als „heilige und verehrungswürdige Stütze aller Unglücklichen und Bedrängten" zu beschwören; sie sei „für den Philosophen das, was das Jenseits für den Gläubigen bedeute – sein einziger Trost". (→ KAP. VIII.)

Porträt Voltaires (1718) von Nicolas de Largillière

Das Ende seines Lebens zeichnet sich im Februar 1784 ab, nachdem er einen Schlaganfall erlitten hat und mehr und mehr von der Hydropsie geplagt wird. Kurz danach stirbt die langjährige Freundin Sophie Volland. Und am 31. Juli dieses Jahres schließt auch ihm der Tod im Alter von 70 Jahren die Augen.

Einen Tag später wird der Atheist fast unbemerkt von der Öffentlichkeit beigesetzt. Immerhin sind etwa fünfzig sangeskräftige Priester zugegen, welche die Familie engagiert hat, um der Feier einen frommen Schein zu verleihen. In der Kirche Saint-Roch findet er in der Marienkapelle („Chapelle de la Vierge") seine letzte Ruhestätte. Diese wird in den Wirren der Revolution verwüstet und ist heute nicht mehr auffindbar.

Bis zuletzt war seine Leidenschaft, die ihn lebenslang ausgezeichnet hatte, nicht erloschen. Davon weiß besonders der deutsche Diplomat Basilius von Ramdohr, der den Aufklärer in seinem Todesjahr noch kennenlernt zu berichten: „Ich habe nur noch die letzten Funken, den letzten Dampf dieses Vulkans gekannt, aber ich kann mir denken, was er gewesen ist, als er noch in Flammen ausschlug!"[43]

Als Atheist hat Diderot freilich weder zu Lebzeiten noch bei der frühen Nachwelt gute Karten. Zudem ist lediglich ein kleiner Teil seiner Werke veröffentlicht, der nur ein fragmentarisches Bild von ihm abgibt; auch die leichtfertigen *Geschwätzigen Kleinode* sind manchem noch in Erinnerung geblieben. Und so ist nach seinem Tod das Echo sowohl in der klerikalen Welt als auch in den zumeist kurzen Nachrufen in den Zeitungen und Zeitschriften in seinem Heimatland zumeist negativ gestimmt. Fast erregt er im Ausland eine größere Aufmerksamkeit.

Er sei ein „schlechter Bürger und ein schlechter Philosoph"; sein Werk sei dem „Jargon der Quacksalber" zuzurechnen und werde bald in Vergessenheit geraten – so großenteils der Tenor der französischen Periodika. Lobend hingegen zeigt sich der *Courrier de l'Europe*, ein anglo-französisches Periodikum, das ihn aufgrund der „Universalität seiner Talente" in die „erste Reihe der Schriftsteller des Jahrhunderts" stellt.

Ähnlich klingt auch die Würdigung des weitverbreiteten Altonaer *Politischen Journals*, das vielleicht als erste deutsche Zeitung einen Nachruf veröffentlicht und wehmütig klagt: „So gehen unsre großen Genies hinweg" – ein Genie, das zur „Aufklärung von mehr als ein Paar Millionen Menschen beigetragen" hat. Zwei Jahre später erhält der „moderne Kopf" sodann in der CL ein von Jacques-Henri Meister verfasstes, monumentales Denkmal („An Diderots Schatten"), das über die Jahrhundertwende hinaus mehrfach veröffentlicht wird und bis heute in der Diderot-Literatur anzutreffen ist.[44]

Und einige Jahrzehnte später rühmt ihn Karl Rosenkranz, der erste deutsche Diderot-Biograph: Er hinterlässt bei allen, die ihn gekannt haben, „das Lob eines fleißigen Arbeiters, eines gefälligen und höchst wohlthätigen Menschen, eines liebenswürdigen Gesellschafters, eines rechtschaffenen Mannes, eines treuen Freundes".[45]

„Ein funkensprühender Kopf"

Der Aufbruch in ein neues Zeitalter ließ sich nicht mehr aufhalten. Fünf Jahre sollten nach Diderots Tod noch vergehen, ehe das gewaltige Erdbeben der Revolution das morsche Ancien Régime hinwegfegte und Europa in das Zeitalter der Moderne katapultierte. Diese Epoche hat Diderot, der vielschichtige Gelehrte, in seinem Werk erahnt und auch antizipiert. Zugleich zählt er zu den großen Unruhestiftern seines Jahrhunderts und trug es – die ganze Bandbreite zwischen „raison" und „sentiment" durchlaufend – mit all seinen Widersprüchen und Neuerungen in seinem Kopf (Emile Faguet). Ähnlich heißt es auch bei Ernst Cassirer, Diderot habe „unter den Denkern des achtzehnten Jahrhunderts vielleicht den feinsten Spürsinn für alle geistigen Bewegungen und Wandlungen der Epoche" besessen.[46]

Wie kaum ein anderer war er an den aktuellen Debatten seiner Zeit beteiligt, und sein Geist vermochte sich an jeder Idee zu entzünden. Er lebte, atmete, fühlte und dachte Philosophie und wurde der modernste der französischen Autoren in seinem Säkulum, das man auch als „skeptisches Jahrhundert" bezeichnet hat (Jacques Roger), und dessen „universalster, funkensprühendster Kopf" (Robert Minder).[47] Als ein solcher hat er in seinem dialektischen Denken auch Voltaires leuchtende Geistesschärfe und Rous-seaus Empfindsamkeit gleichsam zusammengeführt.

Sein imposantes Œuvre ist von außerordentlicher Vielfalt geprägt, die auf den ersten Blick etwas verwirrend erscheinen mag. Darin spiegelt sich aber gleichsam sein ästhetisches Modell einer kohärenten, mannigfaltigen Einheit wider. In ihr wird Diderot als dialektischer wie assoziativer Denker vernehmbar, der, wie kaum ein anderer, eben um die lebendige, sich fortwährend wandelnde Einheit aller Dinge wusste. Diese bunte, vernetzte Einheit hatte er in durchaus origineller Weise bereits in der enzyklopädischen Verknüpfung aller Wissenszweige zum Ausdruck gebracht.

Die damit einhergehende schillernde Vielseitigkeit und Wandlungsfähigkeit, in der Diderot lebenslang seine Identität suchte, ließen ihn seiner Zeit weit vorauseilen. Der innerlich oft zerrissene Genius – er war klassisch und modern, ein Mensch seines Jahrhunderts, aber auch einer anderen, kommenden Zeit. So wurde er eine Symbolgestalt des Fortschritts wie ein Vorkämpfer der bürgerlich-humanistischen Moderne, ja überhaupt einer ihrer markanten Prototypen.

Und zugleich war Diderot dank seiner jugendlichen Begeisterung und seines Bienenfleißes einer der letzten Universalgelehrten, die das infolge der sich ausbreitenden Naturwissenschaften explodierende Wissen noch zusammenzuhalten suchten. Und dabei kannte er keine Grenzen! Fast erscheinen Voltaire oder gar der große Leibniz, der Inbegriff des Polyhistors, ihm gegenüber als einfache Fachgelehrte. Er steht jedoch wie manch anderer universeller Kopf auf keinem Gebiet an erster Stelle. Die Ausrichtung auf die Breite des Denkens musste freilich bisweilen zum Verlust der Tiefe führen. Gleichwohl hat er mit seinem immensen Ausholen ein weites Feld bestellt, dessen Früchte erst recht spät zum Vorschein kamen.

Der Kompagnon der Moderne

Mehr als in Frankreich, wo er anfangs weitgehend verkannt wurde, oder auch in England wurde der philosophe zunächst in Deutschland geschätzt, das in der Geschichte der Diderot-Rezeption ohnehin eine Sonderstellung einnimmt.[48] Ja, man sprach gar vom „deutschen Diderot", wenngleich seine atheistische Position, besonders von der Romantik, scharf verurteilt wurde. (Jene hatte sich für die deutsche konservative Seele, die sich höchstens zu einem moderaten Deismus aufzuschwingen wagte, als ein kaum zu genießender starker Tobak erwiesen.)

Neben Lessing und Schiller war besonders Goethe von ihm beeindruckt, der sich mit ihm trotz mancher Vorbehalte eng verwandt fühlte und ihn als französischen Weggefährten des Sturm und Drang ansah: „Diderot ist Diderot. Ein einzig Individuum. Wer an ihm mäkelt ist ein Philister." Ähnlich dachten späterhin auch Hegel und Marx, und gegen Ende des 19. Jahrhunderts meinte Nietzsche: Voltaire sei der „letzte Geist des alten Frankreich", Diderot indes „der erste [Geist] des neuen".[49]

Dieses Urteil sollte sich bald bewahrheiten. Gegen Mitte des 20. Jahrhunderts setzte über Frankreich hinaus auch im englisch- und deutschsprachigen Raum – um im Diderot'schen Bild zu bleiben – im so sehnlich erhofften „Flötenkonzert der Nachwelt" ein unüberhörbares Crescendo ein, nachdem sein Werk in seiner stupenden, vielfältigen Breite endlich sichtbar geworden war.

Dies verdankt sich nicht zuletzt der Erschließung verschollener Manuskripte, die der deutsche Romanist Herbert Dieckmann nach langer Suche im Château des Ifs (Dép. Seine-Maritime in der Normandie) 1948 auffand.[50] Im Zweiten Weltkrieg hatte das Schloss als Stützpunkt der deutschen Armee gedient und war nach einem Bombenhagel der alliierten Streitmächte 1944 teilweise abgebrannt. Der Nachlass (*Fonds Vandeul*) bildet vor allem die wichtige Grundlage für die 1975 begonnene kritische Gesamtausgabe (*Œuvres complètes*, geplant 33 Bde., DPV), die bis heute noch nicht komplett ist.

Auch in unseren Tagen ist Diderots Stern noch lange nicht am Sinken. Der philosophe erweist sich in mancherlei Hinsicht als kompatibel mit Ansichten und Fragestellungen des späten 20. und des beginnenden 21. Jahrhunderts, etwa mit den Themen Feminismus, Kommunismus und Anarchie und besonders mit Trans- und Posthumanismus. In seinem polyphonen, vernetzten Denken hatte er bereits neuere Aspekte der modernen Biologie (Evolutions-

Büste Diderots (1777)
von Jean-Baptiste Pigalle

theorie, Neurowissenschaft, DNS, Klonen), ja auch der Kybernetik oder der technischen Phänomene wie Kino, Roboter, Computer oder auch Internet, E-Mail und SMS sachte angedacht.

Überdies findet Diderot seit etwa 1975 auf dem fiktionalbiographischen Feld – vorzugsweise in Romanen (vgl. bes. Peter Pranges internationalem Bestseller *Die Philosophin*, 2003) und Kurzgeschichten – überaus großen Anklang. Demgegenüber tritt etwa Voltaire mehr und mehr in den Hintergrund.[51]

Und so gilt der originelle Denker auch als Vorläufer des Postmodernismus und als „Kompagnon des 21. Jahrhunderts."[51a] Er ist „in vieler Hinsicht einer der Unseren", der „nicht aufgefrischt oder dem Geschmack des Tages angepasst zu werden" braucht (so der Diderot-Experte Trousson).[52]

Und sein Stern erstrahlt über Europa hinaus auch in den USA; dort wird er aber auch noch heute bisweilen von der Zensur bedroht, etwa im Bundesstaat Texas, wo es Bestrebungen gibt, ihn aufgrund seiner revolutionären und atheistischen Werke vom Schulcurriculum zu streichen.[53] Über die westliche Hemisphäre hinaus wird Diderot auch in Asien wahrgenommen, wo er besonders in Japan und in China recht bekannt ist.[54]

Und endlich soll ihm auch in seinem Heimatland die höchste Anerkennung zuteil werden: die schon lange überfällige Aufnahme in das Panthéon, die nationale Ruhmeshalle Frankreichs in Paris (so der Staatspräsident François Hollande im Hinblick auf die Jubiläumsfeierlichkeiten im Oktober 2013). Seine Mitstreiter, die beiden Deisten Voltaire und Rousseau, waren bereits 1791 und 1794 mit der Panthéonisation bedacht worden.

„Es ist, und man ist"

In all seinem rastlosen Forschen wusste Diderot, der Mann der hundert Gesichter – der windungsreiche Denker und radikale Aufklärer, der idealistische Materialist, der Meister der Mystifikation und Wolkenmacher – um die Mängel und Schwächen des menschlichen Geistes und um die Zufälligkeit und Flüchtigkeit des Lebens. So konnte er sagen: „Wir wandeln unter Schatten [...] – im Schatten unserer selbst für die anderen und auch für uns selbst."

Er wusste aber auch um das unermessliche, rätselhafte Universum, um die Vielfalt der Welt, in der alles miteinander verknüpft ist. Und in diese Vielfalt – in die „große Kette des Lebens" – wusste er sich eingespannt. Ja, er erahnte, um es poetisch zu sagen, das Pulsieren des Kosmos in seinem Herzen und war im tiefsten Innern von der mitreißenden Gewalt des Flusses der lebendigen Natur beseelt. Dies führte ihn zur Teilhabe an der kosmischen Ganzheit: an der Ewigkeit der dynamischen Materie, dem von unendlich vielfältiger Einheit geprägten, hieroglyphisch wie emblematisch anmutenden, unsterblichen Kunstwerk.

So stand er ganz „im Einklang" mit der Natur, mit „allem Seienden". Und diese flüstert, so Diderot in mystisch-romantischer Weise, ihm wie jedem Menschen ins Ohr: „Es ist, und man ist. – Bleib still, bleib wie alles, das dich umgibt; lass die Stunden, die Tage, die Jahre verstreichen wie alles, das dich umgibt, und vergehe wie alles, das dich umgibt."

Von dieser Intuition getragen, ließ er sich in seinem bewegten Leben vom Leitsatz führen: „Ich denke, ich fühle, ich empfinde, ich handle, ich erfinde, ich sterbe – also bin ich." Und dabei hat der philosophe sich die äußerst verschwenderische Natur zum Vorbild genommen und sich wie kaum ein anderer an Menschen verschwendet.

Er lässt sich – so der große Diderot-Freund des 19. Jahrhunderts, Charles-Augustin Sainte-Beuve – auf „alle ein", er „improvisiert, ist immer in Eile, wendet sich der Wirklichkeit, den Tatsachen zu; geben, geben und nochmals geben, ohne jemals die Früchte zu ernten; *wer rastet, rostet*, das ist seine Devise." Und so lehrt er uns schließlich, wie „man es schaffen kann, mitten aus dem Schiffbruch, den wir alltäglich erleben, das Ufer der Zukunft […] zu erreichen und dort, wenn auch nur auf einem Stück Trümmer, anzukommen".[55]

„Prägnante Sätze sind wie scharfe Nägel, welche die Wahrheit in unser Gedächtnis hineinzwingen"

Dass der Leser der nachfolgenden „100 Gedanken" mit ihren prägnanten Sätzen die oben erwähnten Einschätzungen Troussons und Sainte-Beuves prüfen möge und ihn einige der Diderot'schen Gedanken zum Weiterdenken anregen – dies erhofft sich der Herausgeber. Von diesen Gedanken waren nicht nur viele seiner Zeitgenossen beeindruckt; auch nach seinem Tod fanden sie schon bald Anklang. Dies beweist nicht zuletzt eine bereits 1810 veröffentlichte Blütenlese[56] (und danach auch der Blick in verschiedenste europäische Nachschlagewerke der Zitate bis heute), die den Aufklärer als Meister der brillanten Gedankensprünge zeichnet – mit kernigen, witzigen, aber auch provozierenden Sprüchen auf den Lippen.

Und eben als einen solchen möchte ihn auch die neuerliche Sammlung vorstellen. Dazu sucht sie mittels eines bunten Mosaiks einen konzisen Einblick in seine vielfältigen Arbeitsfelder zu eröffnen und auf diese Weise farbige Ausschnitte aus seinem Gesamtwerk aufleuchten zu lassen. Und dabei finden neben Aphorismen und flüchtigen wie heiteren Aussprüchen des Augenblicks auch etwas längere Reflexionen und Auszüge aus Romanen und Briefen Berücksichtigung.

Das Florilegium basiert auf französischen Quellenschriften wie auf deutschen Übersetzungen (vgl. Anhang A). Der besseren Lesbarkeit wegen werden jene mit den deutschen Titeln wiedergegeben.

Es beginnt seinen Streifzug mit der *Encyclopédie* (I.); von ihr spannt es den Bogen über die Philosophie und Aufklärung hin zur Natur wie auch zu den Fragen nach Gott, der Kunst und der Gesellschaft (II.–VI.); das ausführliche Kapitel VII bietet eine breit gestreute Auswahl von Aussprüchen über „Glück und Tugend, Liebe und Leidenschaft", ehe der Schlussteil mit Gedanken über das „flüchtige Leben und den Tod" das Mosaik abschließt.

Das Quellenverzeichnis und die Nachweise (A u. B) ermöglichen es schließlich, bei dem einen oder anderen Gedanken den Faden aufzunehmen und den schnellen Zugriff auf den jeweiligen Kontext zu erlangen. Dazu vermag die unter C aufgeführte Auswahl an Literatur hilfreich zu sein.

Es verbleibt dem Herausgeber die dankbare Aufgabe, seinen besonderen Dank auszusprechen gegenüber: Frau *Sibylle Wandel* (Schorndorf) und Frau *Iris Raupp*, der Tübinger Romanistin, die den Herausgeber bei der Übersetzung tatkräftig unterstützten; Frau *Renate Föll* M.A. (Ammerbuch) und Herrn *Reinhard Breymayer* M.A. (Ofterdingen), die mit Anregung und Geduld das Entstehen des Mosaiks begleiteten, wobei Letzterer bei der „Fahndung" nach „versteckten" Zitaten seinem Ruf als „ein Sherlock Holmes unter den Germanisten" (Nürnberger Zeitung, 1985) wiederum alle Ehre erwiesen hat; Herrn *Gregor Julien Straube* M.A. (Tübingen) für das mit ausnehmend akribischer Geduld erstellte Layout; schließlich danke ich vielmals Herrn *Hans Magnus Enzensberger* (München), der die Festgabe mit seiner profunden Übersetzung aus der Erzählung vom *Hausrock* (Nr. 88) beschenkte.

Hohenstein (Schwäbische Alb), an Neujahr 2013   Werner Raupp

Anmerkungen

1   Diderot's Versuch über die Mahlerey, in: Goethes Werke (WA), I. Abt., Bd. 45 (1900), p. 284.

2   Zit. nach: Pierre Lepape, 1994 (Anh. A), p. 157.

3   Raymond Trousson, Images de Diderot en France 1784–1913, Paris [u.a.] 1997, p. 75. – Die Beschimpfung bezieht sich auf Diderots Beziehung zur Zarin Katharina II. der Großen und auf den Anklang seiner Werke in Deutschland; der „Lüstling" indes spielt auf den Roman *Die geschwätzigen Kleinode* an.

4   Denis Diderot, 2005 (Anh. C), p. [722]. – Trousson zitiert aus Jules Michelet, Histoire de France au dix-huitième siècle, Tl. 16: Louis XV. (1724–1757), Paris 1866, p. 438, 440.

5   Gotthold Ephraim Lessing, Werke und Briefe in zwölf Bänden. Hrsg. von Wilfried Barner, Bd. 2, Frankfurt/M. 1998, p. 698 (Brief o. D., 1751), u. Schillers Werke. Nationalausgabe, Bd. 29: Briefwechsel, 1.11.1796–31.10.1798. Hrsg. von Norbert Oellers, Weimar, 1977, p. 25 (12.12.1796).

6   Briefe, 1984 (Anh. A), p. 76. – Die im Folgenden aufgeführten Zitate Diderots finden sich, sofern nicht in den Anmerkungen nachgewiesen, im Hauptteil der „100 Gedanken" (vgl. Kapitelangaben am Ende der Abschnitte).

7   Zit. nach: Marie-Angélique de Vandeul, Mémoires pour servir à l'histoire de la vie […] de M. Diderot (1787), in: DPV (Anh. A), I, p. 18, 16, 12.

8   Robert Darnton, Les Encyclopédistes et la police, in: Recherches sur Diderot et sur l'Encyclopédie 1 (1986), p. 103.

9   Zit. nach: Briefwechsel zwischen Christian Garve und Georg Joachim Zollikofer, Breslau 1804, p. 103–104.

10 Zit. nach: Ernst Cassirer, Die Philosophie der Aufklärung, Hamburg 2003, p. 68.

11 Zit. nach: Werner Raupp, Denis Diderot, 2009[2] (Anh. C), p. 213 (Kap. 50).

12 Zit. nach: ebd., p. 321–323.

13 Zum Werdegang der Encyclopédie vgl. bes. die informative Monographie von Philipp Blom, 2005 (Anh. C).

14 Näheres zu Jaucourt, in: Werner Raupp, Art. Jaucourt, Louis de, Biographisch-Bibliographisches Kirchenlexikon, Bd. 35 (ersch. ca. 2014).

15 Dichtung und Wahrheit, in: Goethes Werke (WA), I. Abt., Bd. 28 (1890), p. 64.

16 Zum Themenkreis der Kunst vgl. zusammenfassend Werner Raupp, Denis Diderot, 2009² (Anh. C), p. 37–48.

17 So zutreffend Ralph Wuthenow, Diderot zur Einführung, Hamburg 1994, p. 69.

17a Vgl. bes. den Enzyklopädieartikel Génie, dessen Urheberschaft jedoch nicht ganz geklärt ist. Vgl. Anmerkung zum Gedanken Nr. 53 (Anh. B).

18 Dichtung und Wahrheit, in: Goethes Werke (WA), I. Abt., Bd. 28 (1890), p. 64.

19 Marianne Kesting, Brecht und Diderot oder Das „paradis artificiel" der Aufklärung, in: Euphorion. Zeitschrift für Literaturgeschichte 64 (1970), p. 414–422; Zit., p. 416f.

20 So zutreffend Ernst Cassirer (w.o., Anm. 10), p. 93f.

21 Eine Duplik (1778), in: Gotthold Ephraim Lessing, Werke und Briefe in zwölf Bänden. Hrsg. von Wilfried Barner, Bd. 8, Frankfurt/M. 1989, p. 33. – Ein Jahr später fand dieses Bekenntnis in Lessings berühmter Ringparabel *Nathan der Weise* seine Ausgestaltung.

22 Pierre Chartier, 2012 (Anh. C), Bd. 1, p. 16.

23 ebd., p. 111–113.

24 Brief über die Taubstummen, 1751, in: AT (Anh. A), Bd. 1, 1875, p. 369f.

25 Vgl. bes. Jacques Chouillet, Diderot et Saint-Martin – Des Lumières à l'Illuminisme, in: Actes du Colloque International Lumières et Illuminisme (Cortona, 3–6 octobre 1983). Hrsg. von Mario Matucci, Pisa 1984, p. 174–182.

26 Histoire naturelle, générale et particulière […], Bd. 1, Paris 1749, p. 12.

27 Abrégé du code de la nature, in: AT (Anh. A), Bd. 4, 1875, p. 110.

28 Vgl. bes. Georges Minois, Geschichte des Atheismus. Von den Anfängen bis zur Gegenwart, Weimar 2000, p. 421–425.

29 Vgl. auch Philipp Blom, 2010 (Anh. C), bes. p. 232f. u. 369f.

30 Élisabeth de Fontenay, Diderot ou le matérialisme enchanté, Paris 1981, p. [288].

31 Zum Holbach-Salon vgl. bes. Philipp Blom, 2010 (Anh. C).

32   Arthur H. Cash, Laurence Sterne. The later years, London 1986, p. 138; Blom, 2005 (Anh. C), p. 181 (Morellet); Lepape, 1994 (Anh. A), u. Jean-François Marmontel, Mémoires. Hrsg. von John Renwick, Clermont-Ferrand 1972, p. 226.

32a Arthur H. Cash, Laurence Sterne (w.o., Anm. 32), p. 138, u. Lepape, 1994, p. 166.

33   Marie-Angélique de Vandeul (w.o., Anm. 7), 1787, in: DPV (Anh. A), I, p. 25.

34   Ludwig Börne, Gesammelte Schriften, Ed. 9, Hamburg 1832 (Briefe aus Paris 1830–31, 1. Tl.), p. 155.

35   Zum politischen Denken Diderots vgl. bes. Andreas Heyer, 2004 (Anh. C).

36   Totengespräch zwischen Prinz Eugen [...] und Fürst Liechtenstein, in: Die Werke Friedrichs des Großen, Bd. 5: Altersgeschichte. Staats- und Flugschriften. Deutsch von Friedrich von Oppeln-Bronikowski, Berlin 1913, p. 247.

37   Briefwechsel (w.o., Anm. 9), p. 102–107.

38   Beobachtungen über den *Nakaz*, zit. nach: Denis Diderot: OEuvres. Hrsg. von Laurent Versini, Bd. 3, 1995, p. 508.

39   Louis-Philippe Ségur, Memoirs and Recollections. Ambassador from France to the court of Russia and Prussia, Bd. 3, London 1827, p. 35.

40   Ästhetik (Anh. A), Bd. 2, 1967, p. 807.

41   Zum Werdegang dieses Werks vgl. bes. den von Hans-Jürgen Lüsebrink bearbeiteten Auswahlband Guillaume [Thomas François] Raynal u. Denis Diderot, 1988 (Anh. C).

42   Andreas Heyer, 2004 (Anh. C), p. 415.

43   Zit. nach: Roland Mortier, Diderot in Deutschland 1750–1850, Stuttgart 1967, p. 35.

44   Vgl. Denzel de Tirado, 2008 (Anh. C), p. 38 (Frankreich), Roland Mortier (w.o., Anm. 43), p. 361 (Deutschland), u. Gary Bruce Rodgers, Diderot and the eighteenth century French press, Banbury 1973.

45   Karl Rosenkranz, Diderots Leben und Werk, Bd. 2, Leipzig 1866 (Nachdr. Aalen 1964), p. 408.

46   Die Philosophie der Aufklärung (w.o., Anm. 10), p. 76.

47   Zit. nach: Roland Mortier (w.o., Anm. 43) (Vorwort, o. P).

48   Zur Wirkungsgeschichte Diderots in Deutschland vgl. bes. Roland Mortier
      (w.o., Anm. 43), Anne Saada, Inventer Diderot. Les constructions d'un Au-
      teur dans l'Allemagne des Lumières, Paris 2003, u. dies.: Diderot en Al-
      lemagne au XIXe siècle, in: Diderot Studies 31 (2009), S. 197–221.

49   Goethes Werke, IV. Abt., Bd. 48, 1909, p. 143 (Brief an Carl Friedrich Zel-
      ter, 9.3.1831), u. Friedrich Nietzsche, Nachgelassene Fragmente, in: Sämtli-
      che Werke. Kritische Studienausgabe in 15 Bänden. Hrsg. von Giorgio Col-
      liund Mazzino Montinari, Bd. 13, München 1999, p. 122.

50   Herbert Dieckmann, Inventaire du fonds Vandeul et inédits de Diderot,
      Genève/Lille 1951.

51   Denzel de Tirado, 2008 (Anh. C), bes. p. 94ff.

51a   Michel Delon, zit. nach: ebd., p. 105.

52   Raymond Trousson (w.o., Anm. 3), p. 10.

53   Vgl. Andrew S. Curran: Diderot, an American Exemplar? Bien Sûr!, in: The
      New York Times, 25.1.2013.

54   Von einer geplanten vierbändigen japanischen Auswahlausgabe der Dide-
      rot'schen Werke liegen drei Bände vor. Von den Werken des führenden japa-
      nischen Diderot-Forschers Hisayasu Nakagawa (* 1931) wurde besonders
      die Biographie Didero (Tokio 1985) und der von ihm herausgegebene
      Tagungsband Didero, 18-seiki no Yoroppa to Nihon [Diderot, Europa und
      Japan im 18. Jahrhundert], (Tokio 1991) bekannt. In der weltgrößten biblio-
      graphischen Datenbank WorldCat finden sich unter „Didero" über 60 Titel. –
      Über die Diderot-Rezeption in China vgl. bes. Chinesische Enzyklopädie/
      Ausländische Literatur, Peking/Shanghai 1982, Bd. I, p. 250f. – Für diese
      freundlichen Hinweise danke ich Prof. Tomiyasu Kakegawa (Hitachi/
      Tokio) und Prof. Gu, Zhengxiang (Tübingen).

55   Charles-Augustin Sainte-Beuve [1851], Causerien am Montag. Aufklärung
      aus dem Geist der Salons. Aus dem Französischen von Robert Zimmer, Ber-
      lin 2013, S. 107f.

56   Diderotiana, ou recueil d'anecdotes, bons mots, plaisanteries, reflexions
      et pensées de Denis Diderot. Hrsg. von Charles-Yves Cousin d'Avallon,
      Paris 1810.

100 Gedanken – ein Mosaik

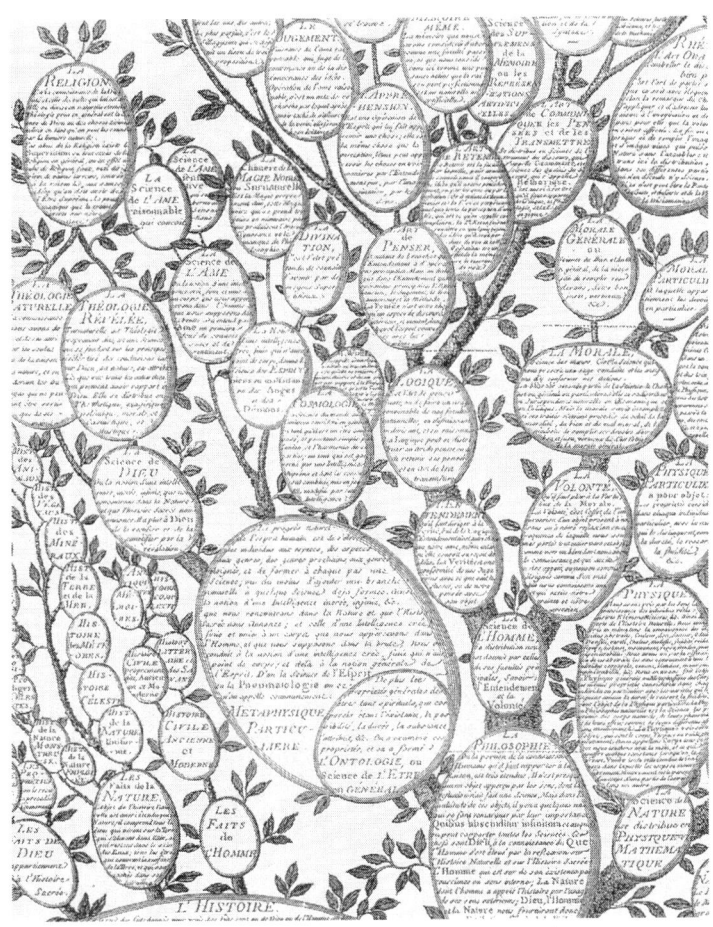

Der große Wissensbaum der Encyclopédie (1751)

I. Ein Vorläufer von Wikipedia – die Enzyklopädie

ENCYCLOPÉDIE,

OU

DICTIONNAIRE RAISONNÉ

DES SCIENCES,

DES ARTS ET DES MÉTIERS,

PAR UNE SOCIÉTÉ DE GENS DE LETTRES.

Mis en ordre & publié par M. *DIDEROT*, de l'Académie Royale des Sciences & des Belles-Lettres de Pruſſe ; & quant à la PARTIE MATHÉMATIQUE, par M. *D'ALEMBERT*, de l'Académie Royale des Sciences de Paris, de celle de Pruſſe, & de la Société Royale de Londres.

Tantùm ſeries junĉturaque pollet,
Tantùm de medio ſumptis accedit honoris ! HORAT.

TOME SECOND.

A PARIS,

Chez
{
BRIASSON, *rue Saint Jacques, à la Science.*
DAVID l'aîné, *rue Saint Jacques, à la Plume d'or.*
LE BRETON, Imprimeur ordinaire du Roy, *rue de la Harpe.*
DURAND, *rue Saint Jacques, à Saint Landry, & au Griffon.*

M. DCC. LI.
AVEC APPROBATION ET PRIVILEGE DU ROY.

Titelblatt der Encyclopédie

1.

Tatsächlich zielt eine Enzyklopädie darauf ab, die auf der Erdoberfläche verstreuten Kenntnisse zu sammeln, das allgemeine System dieser Kenntnisse den Menschen darzulegen, mit denen wir zusammenleben, und es den nach uns kommenden Menschen zu überliefern: damit die Arbeit der vergangenen Jahrhunderte nicht nutzlos für die kommenden Jahrhunderte gewesen sei; damit unsere Enkel nicht nur gebildeter, sondern gleichzeitig auch tugendhafter und glücklicher werden; und damit wir nicht sterben, ohne uns um die Menschheit verdient gemacht zu haben.

2.

Die „revolutionäre Forderung" der Encyclopédie:

Heute, da die Philosophie mit großen Schritten vorwärtsschreitet und das Joch der Autorität und des Vorbilds abzuwerfen beginnt, um sich an die Gesetze der Vernunft zu halten – muss man alles prüfen, alles ausnahmslos und schonungslos in Frage stellen. Man muss diesen ganzen alten Unfug ausrotten, die Schranken umstoßen, die nicht die Vernunft gesetzt hat, und muss den Wissenschaften und Künsten eine Freiheit wiedergeben, die für sie so unersetzlich ist. – Es musste endlich ein vernünftiges Zeitalter kommen, in dem man die Regeln nicht mehr bei den Schriftstellern suchte, sondern in der Natur, und das Falsche und das Wahre so vieler willkürlicher Poetik erkannte. – Die Umwälzungen sind notwendig; es hat immer solche gegeben und wird immer solche geben.

3.

Man muss ein universelles Wörterbuch der Wissenschaften und Künste betrachten wie eine weite Landschaft mit Bergen, Ebenen, Felsen, Gewässern, Wäldern, Tieren und allen jenen Gegenständen, die eben die Mannigfaltigkeit einer großartigen Landschaft ausmachen. Das Licht des Himmels beleuchtet sie alle, doch werden sie von ihm verschieden getroffen.

II. Von Philosophie, Aufklärung und Vernunft

Aufklärung – Radierung von Daniel Nikolaus Chodowiecki (1791)

4.

Was ist ein Skeptiker? Ein Philosoph, der alles bezweifelt, was er glaubt, und der nur das glaubt, was ihm der rechtmäßige Gebrauch seiner Vernunft und seiner Sinne als wahr bewiesen hat. – Was man niemals in Frage gestellt hat, ist überhaupt nicht bewiesen worden; was man nicht vorurteilslos geprüft hat, ist überhaupt nicht geprüft worden. Der Skeptizismus ist also der erste Schritt zur Wahrheit.

5.

Man soll von mir verlangen, dass ich die Wahrheit suche, aber nicht, dass ich sie finde.

6.

Wenn ich auf meine Vernunft verzichte, habe ich keinen Führer mehr. Ich muss dann blindlings ein sekundäres Prinzip annehmen und das voraussetzen, was in Frage steht.

7.

Aufgeklärt sagt man in Bezug auf erworbene Kenntnisse, klarblickend in Bezug auf natürliche Kenntnisse. Diese zwei Eigenschaften verhalten sich zueinander wie das Wissen zum Scharfsinn. – Tausend Gebildete kommen auf einen Aufgeklärten, hundert Aufgeklärte auf einen Klarblickenden und hundert Klarblickende auf ein Genie. Das Genie schafft die Dinge; der Klarblickende leitet daraus Prinzipien ab, der Aufgeklärte wendet sie an; der Gebildete kennt wohl die geschaffenen Dinge, die Gesetze, die man aus ihnen abgeleitet hat, und die Anwendungen, die man mit ihnen gemacht hat: Er weiß alles, bringt aber nichts hervor.

8.

Der Verstand hat seine Vorurteile, der Sinn seine Unzuverlässigkeit, das Gedächtnis seine Grenzen, die Einbildung ihr Zwielicht, das Werkzeug seine Unvollkommenheit. Die Erscheinungen sind unendlich, die Ursachen verborgen, die Formen vielleicht vergänglich. Gegenüber so vielen Hindernissen, die wir in uns selbst finden, die uns die Natur aber auch von außen her entgegensetzt, besitzen wir nur eine langsame Erfahrung und eine beschränkte Reflexion. Dies sind die Hebel, mit denen die Philosophie die Welt aus den Angeln heben will.

9.

Es ist sehr schwierig, gute Metaphysik und gute Moral zu lehren, ohne Anatom, Naturforscher, Physiologe und Arzt zu sein.

10.

Wir haben drei Hauptmittel [zur Erkenntnisgewinnung]: Naturbeobachtung, Reflexion und Erfahrung. Die Beobachtung sammelt die Tatsachen; die Reflexion kombiniert sie; die Erfahrung überprüft das Ergebnis der Kombination. Die Beobachtung muss unablässig, die Reflexion tief und die Erfahrung genau sein. Selten findet man diese Mittel zusammen. Darum sind schöpferische Genies nicht häufig.

11.

Der Mensch ist für die Wahrheit geschaffen, die Wahrheit für den Menschen: weil er ihr ohne Unterlass nachläuft; weil er sie festhält, wenn er sie findet. Die Wahrheit entzieht sich jedoch ständig den überaus mühsamen Forschungen des Menschen. – [Und] unsere wahre Meinung ist nicht diejenige, von der wir nie abgewichen sind, sondern diejenige, zu der wir am häufigsten zurückgekehrt sind.

12.

Die Wahrheit, die Wahrheit, sie ist oft kalt, alltäglich und platt.

13.

Durch Vernunft, nicht aber durch Gewalt, kann man die Menschen zur Wahrheit zurückführen.

14.

Nie zu bereuen und nie anderen Vorwürfe zu machen – das sind die ersten Schritte zur Weisheit.

15.

Unsere Seele gleicht einem Gast an einer lärmenden Tafel, an der die fünf Sinne auftischen. Sie plaudert mit ihrem Nachbarn und hört die anderen vier Gastgeber nicht.

16.

Diderot modernisiert Descartes' Maxime: „Ich denke, also bin ich":

Ich denke, ich fühle, ich empfinde, ich handle, ich erfinde, ich sterbe – also bin ich.

17.

Überlieferte letzte Worte:

Der erste Schritt hin zur Philosophie – das ist der Unglaube.

(Original: Le premier pas vers la philosophie, c'est l'incrédulité.)

III. Vom Schauspiel der Natur

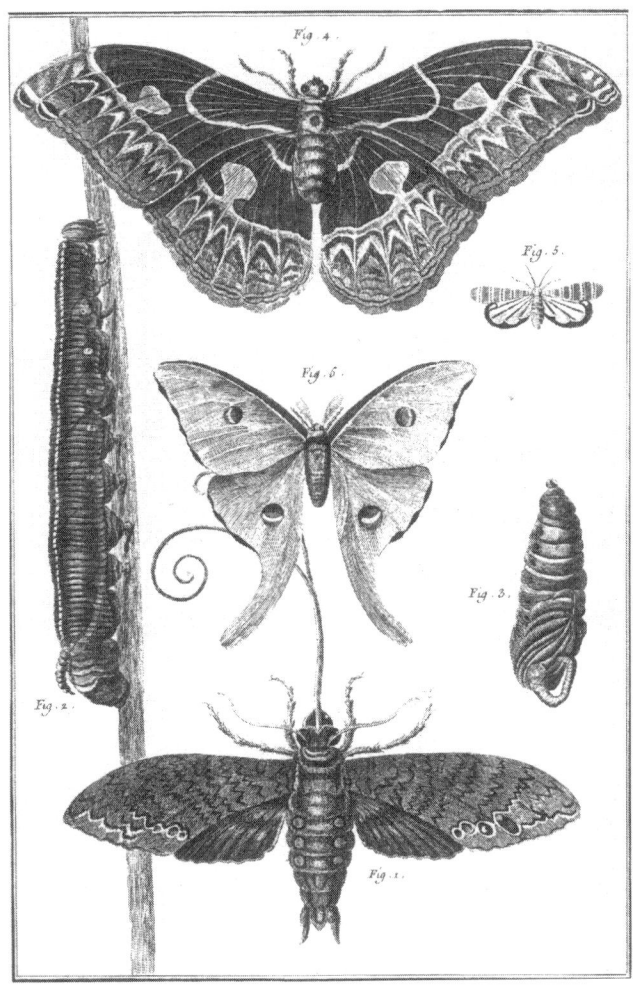

Schmetterlinge. Kupfertafel aus der Enzyklopädie zum Thema Naturgeschichte

18.

Die experimentelle Physik kann in ihren guten Wirkungen mit dem Rat jenes Vaters verglichen werden, der beim Sterben seinen Söhnen sagte, es sei in seinem Acker ein Schatz vergraben; doch wisse er nicht, an welcher Stelle. Die Söhne begannen den Acker umzugraben, fanden aber nicht den Schatz, den sie suchten; doch hatten sie in demselben Jahr eine unerwartet reiche Ernte.

19.

Man kann die Begriffe, die keine Grundlage in der Natur haben, mit jenen Wäldern des Nordens vergleichen, deren Bäume keine Wurzeln haben. Es bedarf nur eines Windstoßes, nur einer geringfügigen Begebenheit, um einen ganzen Wald von Bäumen oder von Ideen umzuwerfen.

20.

Alles wechselt, alles geht vorbei, einzig das All bleibt. Die Welt beginnt und endet ohne Unterlass; sie ist in jedem Augenblick an ihrem Anfang und ihrem Ende. – Stimmt ihr nicht mit mir überein, dass in der Natur alles zusammenhängt und dass es in der Kette [des Lebens] keine Lücken gibt? Es gibt nur ein einziges großes Individuum, und das ist das Ganze. – Rerum novus nascitur ordo*, so lautet die ewige Inschrift!

---

*   lat. Immer wieder wird eine neue Ordnung geboren.

21.

Alle Wesen gehen im Kreislauf ineinander über, folgerichtig auch alle Arten, alles ist ein fortwährender Fluss. Jedes Tier ist mehr oder minder Mensch, jedes Mineral ist mehr oder minder Pflanze, jede Pflanze mehr oder minder Tier. Es gibt nichts Feststehendes in der Natur. Entstehen, leben und vergehen, das heißt: die Gestalt wechseln... Was aber bedeutet diese oder jene Gestalt? Jede Gestalt birgt das ihr eigene Glück und Unglück. Vom Elefanten bis zur Blattlaus... von der Blattlaus bis zum empfindsamen, lebenden Molekül, dem Ursprung von allem, gibt es in der ganzen Natur keine Stelle, die nicht leidet oder genießt. – Und wenn alles im fortwährenden Wechsel begriffen ist, wie das Schauspiel des Universums ihn mir überall darbietet – was mögen da nicht erst hier und anderswo die Dauer und die Wandlung von ein paar Jahrhundertmillionen nicht alles hervorbringen?

22.

Genau genommen gibt es nur eine Art der Ursache: die physischen Ursachen.

23.

Das Wunder – das ist das Leben, das ist die Empfindung.

24.

Die Natur kümmert sich weder um gut noch um böse. Sie verfolgt nur zwei Ziele: die Erhaltung des Individuums und die Fortpflanzung der Art.

25.

Wenn uns die Natur einen so schwer zu lösenden Knoten bietet, wollen wir ihn so lassen, wie er ist, und zum Zerschneiden dieses Knotens nicht die Hand eines Wesens benutzen, das dann für uns einen neuen Knoten bedeutet, der noch unlösbarer als der erste ist.

26.

Arbeitet unermüdlich: Naturforscher, Weltweise, Beobachter aller Art. Und nach Jahrhunderten von vereinten und fortgesetzten Bemühungen werden die Geheimnisse, die Ihr der Natur entrissen habt, im Vergleich mit ihren unermesslichen Reichtümern nur ein Tropfen Wasser sein, den ihr dem Ozean entrissen habt. Die Natur der zwei Wesen, welche die Welt ausmachen, der Geist und die Materie – sie werden immer ein Geheimnis bleiben.

IV. Von Gott und Religion

Diderots Klostersatire „Die Nonne".
Anonyme Gravur der ersten Romanausgabe von 1796

27.

Ich habe mich nachts in einem riesigen Wald verirrt und habe nur ein kleines Licht, um mich zurechtzufinden. Da kommt ein Unbekannter hinzu und sagt zu mir: „Lieber Freund, blase deine Kerze aus, um deinen Weg besser zu finden." Dieser Unbekannte ist ein Theologe.

28.

Eine wahre Religion, die alle Menschen zu allen Zeiten und an allen Orten angeht, müsste ewig, universell und evident sein; keine hat diese drei Merkmale; also sind alle dreifach als unwahr erwiesen.

29.

Wenn Gott, von dem wir die Vernunft haben, das Opfer der Vernunft verlangt, so ist er ein Taschenspieler, der das, was er gegeben hat, wieder verschwinden lässt.

30.

Gott gibt den Menschen ein erstes Gesetz*, schafft später aber dieses wieder ab. Gleicht dieses Verhalten nicht etwa dem eines Gesetzgebers, der sich getäuscht hat und dies mit der Zeit erkennt? Passt es zu einem vollkommenen Wesen, seine Meinung zu ändern?

---

*   das Alte Testament

31.

Der Gott der Christen ist ein Vater, der viel Aufhebens von seinen Äpfeln und sehr wenig Aufhebens von seinen Kindern macht.*

32.

Es ist mit den Religionen wie mit den Klosterregeln: Sie lockern sich mit der Zeit. Es ist ein Wahn, der nicht standhält gegen den dauernden Einfluss der Natur, die uns immer zu ihrem eigenen Gesetz zurückführt

33.

Der Priesterstand, dessen System ein Gewebe aus absurden Ideen ist, sucht insgeheim die Unwissenheit zu erhalten; denn die Vernunft ist der Feind des Glaubens.

34.

Die Menschen haben das göttliche Wesen aus ihrem Kreis verbannt; sie haben es in ein Heiligtum verwiesen. Die Mauern eines Gotteshauses begrenzen seine Sichtbarkeit; es existiert nicht außerhalb der Mauern. Ihr unvernünftigen Menschen: Reißt die Schranken ein, in denen eure Ideen befangen sind, fasst Gott größer auf; erblickt ihn überall, wo er ist – oder sagt, dass er überhaupt nicht ist.

---

* Anspielung auf den alttestamentlichen Mythos vom Sündenfall (Gen. 3).

35.

Wenn alles das Werk eines Gottes wäre, so müsste alles so gut wie nur irgend möglich sein; denn andernfalls, wenn nicht alles so gut wie irgend möglich wäre, gäbe es in Gott entweder Ohnmacht oder bösen Willen. – Unvermögen, wenn der Ewige das Leiden verhindern wollte und es nicht vermochte; böser Wille, wenn er das Leiden hätte verhindern können und es nicht wollte. Einem Kind würde dies einleuchten.

36.

Es sind nicht die großen Wahrheiten, welche die Erde in Blut getaucht haben. Die Menschen haben einander fast nur wegen Dingen umgebracht, die sie nicht verstanden. Geht die Kirchengeschichte durch, dann werdet Ihr Euch überzeugen: wenn man das Christentum nicht durch eine Unzahl abergläubischer Vorstellungen vernebelt hätte, durch die es in den Augen vernünftiger Leute für die kommenden Jahrhunderte eines Gottes unwürdig geworden ist. Mit einem Wort: Wenn man den Menschen nur einen Glauben gepredigt hätte, dessen primäre Grundlagen sie in ihrer Seele gefunden hätten, so hätten sie ihn nie zurückgewiesen und wären, nachdem sie ihn angenommen hätten, nicht miteinander in Streit geraten.

37.

Nehmt einem Christen die Furcht vor der Hölle – und ihr nehmt ihm seinen Glauben.

38.

Wer hat all' die klagenden Leichname in diesen Kerkern* ein-
geschlossen? Welche Verbrechen haben alle diese Unglücklichen
begangen? [Sie] zerfleischen sich den Leib mit eisernen Krallen;
alle tragen Reue, Schmerz und Tod in den Augen. Wer verdammt
sie zu solchen Qualen? – Der Gott, den sie beleidigt haben! – Was
für ein Gott ist das? – Ein Gott voller Güte… Ein Gott voller Güte
sollte Vergnügen daran finden, sich in Tränen zu baden!

39.

Was [hätte] ein Menschenfeind, der sich vorgenommen hätte, die
Welt unglücklich zu machen, Besseres erfinden können als den
Glauben an ein unfassbares Wesen, über das sich die Menschen
nie einig werden können und dem sie mehr Bedeutung beimessen
als ihrem eigenen Leben?

---

*   in der Hölle

V. Von der Kunst und dem Schönen

Comédie Française in Paris (Victor Louis, 1790), wo auch Diderots Stücke gespielt wurden

40.

Die Natur macht nichts Inkorrektes. Jede Gestalt, sie mag schön oder hässlich sein, hat ihre Ursache, und unter allen existierenden Wesen ist keins, das nicht wäre, wie es sein soll.

41.

Jede lobenswerte Komposition ist immer und überall im Einklang mit der Natur. Ich muss von ihr sagen können: Ich habe diese Erscheinung zwar noch nicht gesehen, aber sie existiert.

42.

Wie sehr ersprießlich würde es für die Menschen sein, wenn sich alle Künste der Nachahmung einen gemeinschaftlichen Gegenstand wählten und sich einmal mit den Gesetzen dahin verbänden, uns die Tugend liebenswert und das Laster verhasst zu machen.

43.

Malerei ist die Kunst, die Seele durch Vermittlung der Augen zu bewegen. Wenn der Maler nur bis zu den Augen gelangt, hat er nur den geringeren Teil des Weges zurückgelegt.

44.

Man findet die Dichter in den Malern und die Maler in den Dichtern wieder. Für den Schriftsteller ist die Betrachtung der Gemälde

von der Hand großer Meister ebenso nützlich wie für den Künstler
die Lektüre großer Werke.

45.

Die Zeichnung gibt den Dingen die Gestalt; die Farbe das Leben;
sie ist der göttliche Hauch, der alles belebt.

46.

Das Gefühl für das Schöne ist das Ergebnis einer langen Reihe
von Beobachtungen. Und wann hat man diese Beobachtungen gemacht? Zu jeder Zeit, in jedem Augenblick.

47.

Enzyklopädieartikel über das „Schöne":

Schön ist ein Terminus, den wir auf unendlich viele Dinge anwenden. Aber welcher Unterschied zwischen diesen Dingen auch immer bestehen mag, so muss doch, wenn wir den Terminus schön
nicht falsch anwenden, in allen diesen Dingen eine Eigenschaft
vorhanden sein, für die der Terminus schön die Bezeichnung ist –
kurzum: die Eigenschaft, mit der die Schönheit anfängt, zunimmt,
sich ins Unendliche wandelt, abnimmt und verschwindet.

Nun vermag aber nur der Begriff der Beziehungen diese Wirkungen hervorzubringen. Als „Schönes außer mir" bezeichne ich
also alles, was in sich irgend etwas enthält, das in meinem Verstand die Idee von Beziehungen [innerhalb einer als Einheit begriffenen Mannigfaltigkeit] zu erwecken vermag, und „Schönes in
Bezug auf mich" nenne ich alles, was diese Idee in mir erweckt.

Daraus folgt, dass es zwar kein absolutes Schönes gibt, wohl aber in Bezug auf uns zweierlei Schönes: ein reales Schönes und ein wahrgenommenes Schönes.

Die Beziehung im Allgemeinen ist [also] eine Wahrnehmung des Verstandes, der entweder ein Ding oder eine Eigenschaft betrachtet, da dieses Ding oder diese Eigenschaft das Vorhandensein eines anderen Dings oder einer anderen Eigenschaft voraussetzt. Daraus folgt: Obgleich die Beziehung nur in unserem Verstand besteht, hat sie doch in Bezug auf die Wahrnehmung ihre Grundlage in allen Dingen.

Die Wahrnehmung der Beziehungen ist also die Grundlage des Schönen. Deshalb hat man in allen Sprachen die Wahrnehmung der Beziehungen mit einer Unmenge verschiedener Namen bezeichnet, die aber alle nur verschiedene Arten des Schönen anzeigen. Das Schöne, das aus der Wahrnehmung einer einzigen Beziehung hervorgeht, ist gewöhnlich geringer als dasjenige, das aus der Wahrnehmung mehrer Beziehungen hervorgeht. Der Anblick eines schönen Gesichts oder eines schönen Gemäldes wirkt stärker auf uns als der einer einzigen Farbe, ein Sternenhimmel stärker als ein himmelblauer Vorhang, eine Landschaft stärker als ein freies Feld, ein Musikstück stärker als ein Ton.

48.

Von der Faszination von Ruinen:

Ruinen erwecken in mir erhabene Ideen. Alles geht zugrunde, alles verfällt, alles vergeht. Nur die Welt bleibt bestehen. Nur die Zeit dauert fort. Wie alt diese Welt ist! Ich wandle zwischen zwei Ewigkeiten. Wohin ich auch immer blicke, überall weisen mich Gegenstände, die mich umgeben, auf das Ende aller Dinge hin – und machen mich auf mein Ende gefasst, das mich erwartet. Was ist mein vergängliches Dasein im Vergleich mit dem Dasein des

Felsens dort, der in sich zerfällt; dem Tal dort, das immer tiefer wird; dem Wald dort, der wankt; den Massen dort, die über meinem Kopf hängen und einzustürzen drohen? Ich sehe den Marmor der Grabmäler zu Staub zerfallen und will selbst nicht sterben! Und ich will mit einem schwachen Gewebe aus Nerven und Fleisch dem allgemeinen Gesetz trotzen, dem selbst die Bronze unterliegt! Ein gewaltiger Strom reißt die Völker nacheinander in den Abgrund, und ich – ich allein maße mir an, am Ufer auszuharren und die Flut, die an meinen Seiten vorüberrauscht, brechen zu können!

Wenn der Ort einer Ruine gefährlich ist, erschaure ich. Wenn mir dagegen ein Ort Verborgenheit und Sicherheit verspricht, so fühle ich mich dort freier, mehr allein als anderwärts, mehr bei mir selbst und mir selbst näher.

49.

Nicht Worte, sondern Eindrücke will ich aus dem Schauplatz mitnehmen.

50.

Das Paradox über den Schauspieler:

Die großen Dichter, die großen Schauspieler, und vielleicht im Allgemeinen alle großen Nachahmer der Natur, wer sie auch immer seien, sind begabt mit einer blühenden Phantasie, starker Urteilskraft, einem ausgeprägten Taktgefühl und einem sehr sicheren Geschmack – sie sind jedoch die denkbar gefühllosesten Wesen. Sie sind für zu viele Dinge in gleicher Weise befähigt. Sie sind allzu beschäftigt mit Schauen, Erkennen und Nachahmen, als dass sie in ihrem Innern heftig ergriffen würden.

Das Gefühl ist nicht die Eigenschaft des großen Genies. Dieses liebt die Gerechtigkeit, aber es wird diese Tugend ausüben, ohne ihre Süßigkeit zu empfinden. Nicht sein Herz, sondern sein Kopf macht alles. – Nicht der erregte Mensch, der außer sich ist, kann uns mitreißen; das ist das Vorrecht des Menschen, der sich in der Gewalt hat. Er weint wie ein ungläubiger Priester, der über die Passion [Christi] predigt; wie ein Verführer zu Füßen einer Frau, die er nicht liebt, die er jedoch betrügen will. – Überlegen Sie einen Augenblick, was es im Theater heißt: Wahr-Sein. Bedeutet das, die Dinge so zu zeigen, wie sie in der Natur sind? Keineswegs! Das Wahre in diesem Sinne wäre nur das Alltägliche. Was ist also das Wahre auf der Bühne? Es ist die Übereinstimmung der Handlungen, der Reden, der Gestalt, der Stimme, der Bewegung, der Geste mit einem vom Dichter erfundenen Idealbild, das oft vom Schauspieler noch überbetont wird. Das ist das Wunderbare.

51.

Die Stimme ist ein Musikinstrument, dessen sich alle Menschen ohne die Hilfe von Lehrern, Prinzipien oder Regeln bedienen können.

52.

Ein Tanz ist ein Gedicht.

53.

Über das Genie:

In den Männern von Genie – Dichtern, Philosophen, Malern, Rednern, Musikern – ist irgendeine undefinierbare Seeleneigenschaft besonderer Art verborgen, die man mehr oder weniger erwirbt, ohne die man nichts Großartiges und Schönes zu schaffen vermag. Ist es eine bestimmte Bildung des Kopfes und der inneren Organe, eine bestimmte Zusammensetzung der Säfte? Ich stimme dem zu, aber unter der Bedingung, dass man zugebe, dass weder ich noch irgendjemand eine klare Vorstellung davon hat; und auch dass man damit den Geist der Beobachtung verbinde. [Dieser] wird ohne Anstrengung und ohne Zwang betätigt; er betrachtet nicht, er sieht; er unterrichtet sich, er erweitert sich mühelos. Nicht eine augenblickliche Erscheinung, sondern alle Erscheinungen haben ihn affiziert, und was er davon behält, ist eine Art Sinn, den die anderen nicht haben; es ist ein seltener Mechanismus, der sagt: „das wird gelingen" – und es gelingt; „das wird misslingen" – und es misslingt; „das ist wahr" oder „das ist falsch" – und es stellt sich heraus, dass es so ist, wie er es gesagt hat. Der Mensch von Genie weiß, welche Gefahr er läuft, und er weiß es, ohne vorher das Für und Wider berechnet zu haben; diese Berechung ist in seinem Kopf immer fertig.

54.

Wer über Frauen schreibt, der muss seine Feder in den Regenbogen tauchen und den Staub von Schmetterlingsflügeln über jede Zeile streuen. Überhaupt ist das Symbol der Frauen das der Apokalypse, und auf ihrer Stirn steht geschrieben: Mysterium. Wo sich für uns eine eherne Mauer auftürmt, da finden sie oft nur ein Spinnennetz.

VI. Die humane Gesellschaft

Manuskript von Diderots Schrift
„Seiten gegen einen Tyrannen"(1771) gegen Friedrich II.

55.

Enzyklopädieartikel über die „Politische Autorität" (1751):

Kein Mensch hat von der Natur das Recht erhalten, den anderen zu gebieten. Die Freiheit ist ein Geschenk des Himmels, und jedes Individuum von derselben Art hat das Recht, sie zu genießen, sobald es Vernunft besitzt.

56.

Es gibt keinen wahren Reichtum außer dem Menschen und der Erde. Der Mensch ist wertlos ohne die Erde, und die Erde ist wertlos ohne den Menschen.

57.

Menschlichkeit ist ein Gefühl des Wohlwollens für alle Menschen, das nur in einer großen und empfindsamen Seele aufflammt. Diese edle und erhabene Begeisterung kümmert sich um die Leiden der anderen und um das Bedürfnis, sie zu lindern. Sie möchte die ganze Welt durcheilen, um die Sklaverei, den Aberglauben, das Laster und das Unglück abzuschaffen. Sie macht uns zu besseren Freunden, besseren Gatten, besseren Staatsbürgern. Es macht ihr Freude, die Wohltätigkeit auf alle Wesen auszudehnen, welche die Natur neben uns gestellt hat. Ich habe diese Tugend, eine Quelle so vieler anderer Tugenden, zwar in vielen Köpfen bemerkt, aber nur in wenigen Herzen.

58.

Widmungsschreiben an die Fürstin von Nassau-Saarbrücken, Sophie Christine (1758):

Ich möchte, dass sie* das Elend kennen, damit sie es empfinden und aus eigener Erfahrung wissen, dass es in ihrem Umkreis Menschen wie sie gibt, und vielleicht bedeutendere als sie, die kaum Stroh für ihr Lager haben und denen Brot fehlt. – Ich werde nicht aufhören, ihnen zu sagen:

dass ein einziger mächtiger, schwacher oder böser Mensch dafür ausreicht, dass hunderttausend andere Menschen weinen, seufzen und ihr Dasein verfluchen; dass die Natur keine Sklaven gemacht hat und niemand unter dem Himmel mehr Macht hat als sie; dass der Gedanke an Sklaverei im Blutvergießen und bei den Eroberungen entstanden ist; dass die Menschen kein Bedürfnis hätten, regiert zu werden, wenn sie nicht böse wären, und dass folglich das Ziel jeder Herrschaft sein muss, sie gut zu machen; dass jedes Moralsystem, jeder politische Plan, der den Menschen vom Menschen entfernen will, schlecht ist; dass die Gerechtigkeit die erste Tugend des Herrschers ist und die einzige, welche die Klage des Untertanen zum Stillstand bringt.

(Voltaire lobte dieses Schreiben als „Glanzstück der Beredsamkeit und Sieg der Menschlichkeit".)

---

*   die Fürstenkinder

59.

Beobachtungen über den „Nakaz" der Zarin Katharina II. (1774):

Es gibt nur einen wahren Herrscher: die Nation; es gibt nur einen wahren Gesetzgeber: das Volk. Selten unterwirft sich ein Volk ernsthaft Gesetzen, die man ihm auferlegt; aber es wird sie lieben, es wird sie achten, es wird sie befolgen, es wird sie verteidigen wie sein eigenes Werk, wenn es selbst deren Verfasser ist. Dann sind sie nicht die willkürlichen Willensbekundungen eines einzelnen, sondern die Bekundungen einer Vielzahl von Menschen, die sich untereinander über ihr Glück und ihre Sicherheit beraten haben.

60.

Ist der Tagelöhner unglücklich, so ist die Nation unglücklich.

61.

Fleißige Menschen wird man dann haben, wenn sie frei sind. [Und] Freiheit ist nur in Demokratien gegeben.

62.

Hier* wird das Schwert niemals stumpf werden. Endlose oder unaufhörlich erneuerte Kriege haben den Erdball ausgemergelt und mit Blut gefärbt.

---

*   in den Geschichtsbüchern

63.

Ach Gott! Warum hast Du den Menschen erschaffen? War es Dir unbewusst, dass Du für einen Augenblick, in welchem Du Dein Werk mit Vergnügen betrachten könntest, dagegen hundertmal Deinen Blick abzuwenden Ursache finden würdest? Sollten die Grausamkeiten, welche [etwa] die Spanier in der neuen Welt begehen würden*, Deiner Vorsehung unbekannt gewesen sein?

64.

Kritik am Preußenkönig Friedrich II. (1771):

Armut in einer Dachkammer, wenn sie mit Tugend und Aufgeklärtheit einhergeht, ist höher zu schätzen als Tyrannei, Habsucht, Ehrgeiz und Falschheit auf einem Thron.

65.

Gebt, aber wenn ihr könnt, erspart dem Armen die Scham, seine Hand ausstrecken zu müssen.

66.

Diderot als Vorläufer des Tierschutzes:

Gibt es denn nicht genug Nahrungsmittel, ohne dass man Blut vergießt? Heißt es denn nicht, die Menschen zur Grausamkeit zu

---

*   bei der Conquista (16./17. Jhd.)

ermutigen, wenn man ihnen erlaubt, den Tieren das Messer in den Hals zu stoßen?

67.

Möchte sich doch unterm Schutz der Philosophie einst von einem Ende der Welt bis zum andern jene Kette der Eintracht und Wohltätigkeit verbreiten, welche alle gesitteten Nationen miteinander verbinden soll!

VII. Von Glück und Tugend, Liebe und Leidenschaft

NEVEU DE RAMEAU

Porträt von Rameaus Neffe.
Frontispiz der ersten französischen Ausgabe von 1821

68.

Wenn es schön ist, einen Menschen ruhig zu sehen, dann ist es in dem Augenblick, wo sich die Fährnisse über ihm zusammenballen. - Das Herz des Menschen ist bald heiter, bald umwölkt; aber das Herz des guten Menschen ist wie der Anblick der Natur immer groß und schön, ob ruhig oder bewegt.

69.

Der Leitspruch Denis':

Auf dem Titelblatt meines Gesetzbuchs steht geschrieben:
Sei glücklich nach deiner Fasson. Denn das ist unsere Freude.

70.

Der glücklichste Mensch ist derjenige, der die meisten glücklich macht.

71.

Der Baum der Enthaltsamkeit hat die Genügsamkeit zur Wurzel und die Zufriedenheit zur Frucht.

72.

Nur die Leidenschaften, und zwar die großen Leidenschaften, können die Seele zu großen Dingen erheben. Ohne sie gibt es nichts Erhabenes.

73.

Es gibt nichts Beständiges außer Essen, Trinken, Leben, Lieben und Schlafen.

74.

Ein Leben – angenehm und fein (1759)*

Denken muss man; der Gedankenlose gleicht,
Trotz Seele, einem herrenlosen Lasttier bloß.
Lieben muss man, Liebe stützt und macht das Leben leicht,
Ohne Liebe, wie traurig wär' des Menschen Los?

Einen Freundes man allzeit muss haben,
Dem man sich anvertrauen kann, mit dem man alles teilt,
Dass unserer aufgeregten Seele Klagen
Übel erträglicher und Freude größer scheint.

Bei einem guten Mahl den Abend stets beschließen,
Muss man, es frei in Ruh' mit Genuss erleben,
Die guten Speisen, guten Worte dabei recht genießen
Und ohne Trunkenheit sich dann erheben.

Einen geliebten Menschen muss man haben
Nächtens zärtliche Gefühle, liebe Worte können schenken;
Beim Aufwachen erneut sie sagen.
Und wiedereinschlafend noch dran denken.

---

*   Gedicht Voltaires von 1734, das Diderot leicht abwandelt.

75.

Es gibt so viele Arten glücklich zu sein – wie es Individuen gibt.

76.

Es gibt keine Tugend, die nicht zwei Belohnungen nach sich zieht: die Genugtuung, etwas Gutes zu tun, und die Freude, das Wohlwollen der Mitmenschen zu erlangen. Es gibt kein Laster, das nicht zwei Strafen nach sich zieht: die eine ist die, welche wir tief in unserem Herzen abbüßen, die andere ist das Gefühl der Abneigung, das wir unseren Mitmenschen unweigerlich einflößen.

77.

Alles in der Natur denkt nur an sich. Hauptsache, es bekommt einem selbst.

78.

Auf jeden Fall gibt es nichts Besseres, sich vor Täuschung und Irrtum zu bewahren, als immer wahr zu sein gegen sich selbst.

79.

Ode an Leben und Liebe:

Gibt es unter allen Formen der Lust eine, die unsere Mühen mehr lohnt, deren Besitz & Genuss uns so glücklich machen kann, wie die eines Wesens, das so denkt & fühlt wie Du, dieselben Ideen hat, dieselbe Hitze fühlt, dasselbe Entzücken verspürt, das seine zärtlichen Arme den Ihren entgegenstreckt; ein Wesen – das sich mit dir verflicht & deren Liebkosungen in der Existenz eines neuen Wesens resultieren, das euch ähnlich ist & in seinen ersten Regungen euch suchen wird, um euch zu umarmen; ein neues Wesen – das ihr an eurer Seite aufziehen & gemeinsam lieben werdet, das euch in eurem Alter beschützen & euch immer achten wird & dessen glückliche Geburt das Band, das euch vereinte, bereits verstärkt hat?

Glaubst du, deine Mutter hätte ihr Leben aufs Spiel gesetzt, um es dir zu schenken, wenn [sie] nicht mit den Umarmungen ihres Gatten einen unaussprechlichen Zauber verbunden hätte. Schweig, Unglücklicher, & bedenke, dass nur die Lust dich aus dem Nichts gezogen hat.

Die Fortpflanzung der Lebewesen ist der große Zweck der Natur. Gebieterisch fordert sie beide Geschlechter dazu auf, sobald sie erhalten haben, was sie ihnen an Kraft & Schönheit zudachte. Eine unbestimmte & melancholische Unruhe kündigt ihnen den Augenblick an; ihr Zustand ist eine Mischung aus Kummer & Lust. Nun hören sie auf ihre Sinne & betrachten sich selbst mit nachdenklicher Aufmerksamkeit. Zeigt sich ein Individuum einem anderen derselben Art & anderen Geschlechts – so erlischt das Gefühl für jedes andere Bedürfnis: das Herz pocht; die Glieder beben; wollüstige Bilder irren durch das Gehirn; Ströme von Lebensgeistern fließen in den Nerven, erregen sie & gelangen zum Sitz eines neuen Sinnes, der sich kundtut & Qualen verursacht. Der Blick trübt sich, der Wonnerausch entsteht; die Vernunft, Sklave des Instinkts, begnügt sich damit, ihm zu dienen, & die Natur ist befriedigt.

Die Seele wurde von einer nahezu göttlichen Begeisterung ergriffen; zwei liebestrunkene junge Herzen weihten sich einander für immer & ewig. Wie viele glückliche Augenblicke hatte nicht der Tag, bevor die ganze Seele sich aufzuschwingen & sich in der Seele des geliebten Gegenübers zu verlieren suchte! Man erlebte

Genüsse von dem Augenblick an, da man hoffte – ein zärtliches Herz & eine unschuldige Seele, die weder Misstrauen noch Gewissensbisse kannte.

80.

Letztlich lassen sich alle unsere Gedanken, unsere ganze Arbeit und alle unsere Ansichten in verschiedene Arten des sinnlichen Genusses auflösen.

81.

Unsere Tugenden sind genauso wenig selbstlos wie unsere Laster.

82.

Man soll arbeiten, man soll sich nützlich machen, man ist über seine Talente Rechenschaft schuldig.

83.

Die Sprache des Herzens ist tausendmal vielfältiger als die des Geistes, und es ist unmöglich, die Regeln ihrer Dialektik aufzuzeigen.

84.

Das Leben wäre eine sehr schöne Komödie, wenn man darin nicht selbst eine Rolle spielen müsste. – Die Welt eine Torheit? Eine schöne Torheit trotz alledem! Sie ist nach der Meinung einiger Bewohner Malabars eine der vierundsiebzig Komödien, an denen sich der Ewige ergötzt.

85.

Armut ertragen, wenn man in Armut geboren und erzogen ist, das können tausend Menschen. Aber vom Überfluss zum Mangel übergehen, sich dareinschicken und überdies sein Glück darin finden – das ist es, was ich nicht begreifen kann.

86.

Die Dankbarkeit ist eine Last, und jede Last will abgeschüttelt sein.

87.

Aus dem Roman „Rameaus Neffe" (1762-1773):

Es mag schön oder hässlich Wetter sein, meine Gewohnheit bleibt auf jeden Fall um fünf Uhr abends im Palais Royal spazieren zu gehen. Mich sieht man immer allein, nachdenklich auf der Bank d'Argenson. Ich unterhalte mich mit mir selbst über Politik, Liebe, Geschmack oder Philosophie und überlasse meinen Geist seiner ganzen Leichtfertigkeit. Mag er doch die erste Idee verfolgen, die sich zeigt, sie sei weise oder töricht. Meine Gedanken sind meine Dirnen.

Und Rameaus Neffe rief aus:

Nichts ist beständig auf der Welt. Am Glücksrad heute oben, morgen unten. Verfluchte Zufälle führen uns – und führen uns sehr schlecht. Die Tugend, die Philosophie: sind sie denn für alle Welt? Wer's vermag, halte es, wie er will. Denkt Euch, die Welt wäre weise und philosophisch gesinnt; gesteht, dass dies verteufelt traurig wäre. Es lebe hingegen Salomos Philosophie und Weisheit: gute Weine trinken, sich mit köstlichen Speisen vollstopfen, hübsche Frauen besitzen; alles andere ist eitel.*

Man lobt die Tugend, aber man hasst sie, man flieht sie, man lässt sie frieren, und in dieser Welt muss man die Füße warmhalten. Die Stimme des Gewissens und der Ehre ist sehr schwach, wenn die Eingeweide schreien.

Der Hauptpunkt im Leben ist doch nur, allabendlich ungezwungen, leicht, angenehm auf den Lokus zu gehen. „O stercus pretiosum".** Das ist das große Resultat des Lebens in allen Ständen.

Im letzten Augenblick hat einer soviel wie der andere. Der Tote hört kein Glockengeläut; umsonst singen sich hundert Pfaffen heiser um seinetwillen; umsonst ziehen lange Reihen von brennenden Kerzen vor und hinter ihm her; seine Seele schreitet nicht neben dem Zeremonienmeister. Unter Marmor verfaulen oder unter der Erde – bleibt immer verfaulen.

Glücklicherweise brauche ich kein Heuchler zu sein. Es gibt ihrer ohnehin zu viele in allen Farben, ohne die mitzurechnen, die sich selbst belügen. Und überhaupt: Der Teufel hole mich, wenn ich im Grunde weiß, was ich bin. Im ganzen ist mein Geist rund wie eine Kugel und der Charakter frisch wie eine Weide: niemals falsch, wenn es mein Vorteil ist, wahr zu sein; niemals wahr, wenn ich es einigermaßen nützlich finde, falsch zu sein.

---

*   Scherzhafte Anspielung auf das alttestamentliche Buch Kohelet.

**   lat. „O kostbarer Mist" – scherzhafter Lehrsatz der antiken Agronomie.

88.

Aus der Erzählung „Klage um meinen alten Hausrock" (1772):

Warum habe ich ihn nicht behalten? Er passte zu mir, ich passte zu ihm. Er schmiegte sich jeder Wendung meines Körpers an; er stand mir so gut, dass ich mich ausnahm wie von Künstlerhand gemalt. Der neue, steif und förmlich, macht mich zur Schneiderpuppe. Kein Bedürfnis, dem der alte nicht entgegengekommen wäre; denn fast nie hat die Armut etwas dagegen, sich nützlich zu zeigen. Lag Staub auf einem Buch, schon bot sich einer seiner Zipfel an, ihn abzuwischen. War mir die Tinte eingetrocknet und wollte nicht mehr aus der Feder fließen, so lieh er mir einen Ärmel: lange, schwarze Streifen legten von den häufigen Diensten, die er mir geleistet hat, Zeugnis ab. An diesen Tintenspuren war der Mann der Literatur, der Schriftsteller, der arbeitende Mensch zu erkennen.

Und heute? Ich sehe aus wie ein reicher Tagedieb, man sieht mir nicht mehr an, wer ich bin. Ich war ganz und gar Herr meines alten Hausrocks; [nunmehr] bin ich zum Sklaven des neuen geworden. Verfluchtes Luxuskleid, dem ich meine Reverenz erweise! Wo ist er hin, mein bescheidener, mein bequemer Wollfetzen? Liebe Freunde, haltet an den Freunden fest, die euch geblieben sind. Fürchtet die Schläge des Reichtums! Lasst euch mein Beispiel eine Lehre sein. Die Armut hat ihre Freiheiten, der Reichtum seine Zwänge.

Mein alter Hausrock und der ganze Plunder, mit dem ich mich eingerichtet hatte – wie gut passte eins zum andern! Jetzt ist alles aus den Fugen. Die Übereinstimmung ist dahin, und mit ihr das richtige Maß, die Schönheit.*

---

* Auf diese Novelle geht der „Diderot-Effekt" zurück, wonach der Kauf eines Gegenstands eine „Konsum-Kettenreaktion" auslöst, um ein passendes Gesamtbild zu schaffen.

89.

Aus den Liebesbriefen an Sophie Volland (1759–1762):

Ach, teure Frau, wie sehr ich sie liebe! Wie sehr ich Sie schätze! An Dutzend Stellen hat mich Ihr Brief mit tiefer Freude erfüllt. Von dem Feuer, das Sie in mir entfachen, habe ich mich mitreißen lassen und niedergeschrieben, was es mir eingab.

O meine Freundin, mögen wir nie schlecht handeln. Lieben wir einander, um bessere Menschen zu werden. Seien wir auch weiterhin einander strenge Kritiker. Machen Sie mich ihrer würdig. Flößen Sie mir jene Arglosigkeit, jene Offenheit, jene Sanftmut ein, die Ihnen angeboren sind. Sie wachen auf dem Grund meines Herzens. Sie sind da, und nichts Unehrenhaftes kann sich Ihnen nähern.

Mit Ihnen fühle ich, liebe ich, höre ich, sehe ich, liebkose ich; ich habe eine Daseinsform, die ich jeder anderen vorziehe. Sobald Sie mich in Ihre Arme nehmen, genieße ich ein Glück, das durch nichts übertroffen werden kann. Vor vier Jahren erschienen Sie mir schön, heute finde ich Sie noch schöner. Das ist der Zauber der Beständigkeit, der schwierigsten und seltensten unserer Tugenden.

All jene, die sich in ihrem Leben liebten und sich nebeneinander bestatten lassen, sind vielleicht gar nicht so närrisch, wie man denkt. Vielleicht drängt sich ihrer beider Asche zusammen, vermischt sich und vereinigt sich. Was weiß ich? Vielleicht haben sie nicht jegliche Empfindung, jegliche Erinnerung an ihren einstigen Zustand verloren? Vielleicht haben Sie einen Rest Wärme und Leben in sich und genießen sie auf ihre Weise tief in der kalten Urne, die sie umschließt.

O meine Sophie – es bliebe mir also eine Hoffnung: Sie berühren, Sie fühlen, Sie lieben, Sie suchen zu können, um mich mit Ihnen zu vereinigen, zu vermischen, sobald wir einmal nicht mehr sein werden! Wenn es doch so wäre, dass in Bestandteilen das Gesetz der Anziehungskraft herrscht, dass es uns vorbehalten ist, ein gemeinsames Wesen zu bilden, dass ich in den folgenden Jahrhunderten ein Ganzes mit Ihnen werde, dass die Moleküle Ihres aufgelösten Geliebten unversehens in Aufruhr geraten und sich vorwärts bewegen, um Ihre, überall in der Natur verstreuten Teilchen zu suchen! Lassen Sie mir diese Schimäre; sie ist mir süß; sie sichert mir die Ewigkeit in Ihnen und mit Ihnen.

Adieu, meine zärtlich geliebte, meine einzige Freundin. Bringen Sie mir alles übrige zurück; bescheren Sie mir glückliche Tage; kommen Sie und sagen Sie mir, dass Sie mich lieben; kommen Sie und beweisen Sie es mir. Sie sind das Glück meines Lebens und werden es immer sein. Kein Vergnügen, das meine Sophie nicht teilte. Es gibt nur eine für mich.

(Laut Ludwig Börne schreibt Diderot mit „kochender Tinte".)

VIII. Vom flüchtigen Leben und vom Tod

Die Pfarrkirche Saint-Roch in Paris von Christophe Civeton.
Hier fand Diderot seine letzte Ruhestätte

90.

Der wahre Ruhm besteht weder darin zu sterben noch darin zu leben, sondern das eine wie das andere gut zu tun.

91.

Anspielung auf Seneca, De brevitate vitae („Von der Kürze des Lebens"), 9,5:

Der Mensch gelangt an den Rand seines Grabes wie der Zerstreute an die Tür seines Hauses.

92.

Gesetz der Wandlung:

Der erste Liebesschwur, den zwei Wesen von Fleisch und Blut einander schworen, erklang am Fuße eines Felsens, der in Staub zerfiel. Zum Zeugen ihrer Beständigkeit riefen sie einen Himmel an, der nicht einen Augenblick derselbe bleibt. Alles schwand, alles veränderte sich in ihnen und um sie, und doch wähnten sie ihre Herzen von Wechsel und Wankelmut befreit. Oh, Kinder, ewige Kinder!

93.

Was ist unsere Lebensdauer im Vergleich zur Ewigkeit der Zeit? Weniger als der Tropfen, den ich auf eine Nadelspitze aufgenommen, im Vergleich zum grenzenlosen Raum, der mich umgibt.

[Und dennoch] vereint man die Pläne eines ewigen Lebewesens mit der Dauer einer Eintagsfliege.

94.

Es wird der Welt deshalb nicht schlechter gehen, auch ohne meine Einmischung, und sie wird weder glücklicher, noch unglücklicher sein ohne mich.

95.

Man wird dumm inmitten von Schmerzen und Geschrei geboren; man ist Spielball der Unwissenheit, des Irrtums, der Bedürfnisse, der Krankheiten, der Bosheit und der Leidenschaften. Vom Augenblick des ersten Stammelns bis hin zum Greisengefasel lebt man inmitten von Schurken und Scharlatanen jeglicher Art; zwischen einem Mann, der einem den Puls fühlt, und jenem anderen, der einem den Kopf verwirrt*, haucht man sein Leben aus. Man weiß nicht, woher man kommt, warum man gekommen ist, wohin man geht – und dies wird als das größte Geschenk unserer Eltern und der Natur bezeichnet: als das Leben.

96.

Aus dem Roman „Jacques, der Fatalist, und sein Herr" (1765-1784):

Wie sie sich gefunden hatten? – Durch Zufall, wie man sich so findet. – Wie sie hießen? Was geht Sie das an? – Wo sie herkamen? – Vom nächstliegenden Ort. – Wo ihr Weg hinführte? – Weiß

---

*   Der Geistliche mit seinen Münchhausiaden

man je, wohin man geht? – Was sie sagten? – Der Herr hatte nichts zu sagen; Jacques aber sagte, sein Hauptmann hätte gesagt, alles Gute, alles Böse, was uns hier unten begegne, stehe da oben geschrieben.

Die Rechnung in unserm Kopf und die auf dem Blatt da oben* sind zweierlei. Lenken wir das Schicksal – oder lenkt das Schicksal uns? Wie viele klug ausgedachte Pläne sind gescheitert, und wie viele werden noch scheitern! Wie viele unsinnige Pläne sind geglückt und werden noch glücken!

Aber wie ich's dreh und wende, ich komme immer auf die Weisheit zurück: Alles, was uns Gutes und Böses hier unten begegnet, steht da oben geschrieben. – Kann ich dies ändern? Kann ich „Nicht-Ich" sein? Und kann ich als „Ich" anders handeln als ich? Kann ich „Ich" und ein andrer sein? Und hat es, seit ich auf der Welt bin, einen einzigen Augenblick gegeben, wo das nicht so war?"

Man verbringt drei Viertel seines Lebens damit, zu wollen, ohne zu handeln – und zu handeln, ohne zu wollen. – Weil man mithin auch nicht weiß, was man wollen oder tun soll, folgt man einfach seiner Einbildung, die man Vernunft nennt – oder seiner Vernunft, die oft nur eine fragwürdige Einbildung ist, die bald zum Guten, bald zum Bösen ausschlägt.

97.

Hier, instinktiv, setzt man sich. Man ruht, blickt um sich, ohne zu sehen, überlässt sein Herz, seine Seele, seinen Geist, seine Sinne all ihrer Freiheit; das heißt: man tut nichts, um in Einklang mit allem Seienden zu sein. Es ist, und man ist. Alles ist nützlich, alles dient, alles läuft mit, alles ist gut, man ist nichts, ohne sich darum zu bemühen. – Er kämpft gegen den Impuls der ganzen Natur, die

---

*   in der Schicksalsrolle

ihm leise und unaufhörlich immer wieder sagt, die ihm ins Ohr flüstert: *Bleib still, bleib still, bleib wie alles, was dich umgibt; daure fort wie alles, was dich umgibt; genieße sanft wie alles, was dich umgibt; lasse die Stunden vergehen, die Tage, die Jahre wie alles, was dich umgibt – und vergehe wie alles, was dich umgibt.* Das ist die immerwährende Lehre der Natur.

98.

Das Gute tun, das Wahre erkennen – das ist es, was einen Menschen vom anderen unterscheidet. Der Rest ist nichts. Das Leben ist so kurz, seine wahren Bedürfnisse sind so gering, und wenn man einmal weg ist, so bedeutet dies so wenig, ob man jemand oder ob man niemand war. Am Ende braucht man nichts mehr als einen dreckiges Tuch und vier Fichtenbretter.

99.

Appell an die Nachwelt:

O heilige und geweihte Nachwelt! Stütze des Unglücklichen und Unterdrückten; du bist gerecht und nicht verfälscht, du rächst den ehrenwerten Menschen, du entlarvst die Heuchelei, du Gedanke der Sicherheit und des Trostes, verlasse mich nie! Die Nachwelt ist für den Philosophen, was das Jenseits für den religiösen Menschen. – Die Gewissheit, dass zukünftige Jahrhunderte auch noch von mir sprechen: dass sie mich zu den berühmten Männern meiner Nation zählen und dass mein Leben, in den Augen meiner Nachwelt, meinem Jahrhundert zur Ehre gereicht – dies wäre für mich, ich darf es bekennen, unendlich süßer als alle gegenwärtigen Würdigungen, als alle Huldigungen. Aber von einer solchen Gewissheit bin ich weit entfernt.

100.

Die Welt ist das Haus des Starken. Erst am Ende werde ich wissen, was ich in dieser großen Spielhöle, in der ich mit dem Spielbecher in der Hand – tesseras agitars – etwa sechzig Jahre verbrachte, verloren oder gewonnen habe.

Glücklich sind diejenigen, denen vor dem Altern die Lebenszeit, die sicher vor Unglück und ohne Bewusstsein ihrer selbst ist, im Spiel verfliegt.*

Was nehme ich wahr? Formen. Und was noch? Formen. Den Inhalt kenne ich nicht. Im Schatten wandeln wir als Schatten für die anderen und für uns selbst.

Ihr Menschen, die man nicht mehr fürchtet: Was habt ihr schon verstanden?

Die Philosophie, eine zur Gewohrheit gewordene tiefe Meditation, die uns aller Dinge enthebt, die uns umgeben, und uns selbst verleugnen lässt, ist auch eine Anleitung zum Sterben.

Eine der schönsten Sentenzen des Stoikers lehrt, die Angst vor dem Tod sei gleichsam der Henkel, an dem der Starke uns packe und führe, wohin er wolle. Zerbrecht den Henkel und enttäuscht die Hand des Starken.

Es gibt nur eine Tugend, nämlich die Gerechtigkeit; nur eine Pflicht, nämlich das Glücklichsein; und nur eine Folgerung, nämlich sich aus dem Leben nicht allzu viel zu machen und den Tod nicht zu fürchten.

---

*   Aus dem Lat.: Felices quibus, ante annos, secura malorum
    Atque ignara sui, per ludum elabitur aetas.

Anhang

Portrait Diderots (1769) von Jean-Honoré Fragonard

Diderot-Chronik

1713   Am 5. Okt. wird Denis Diderot als zweites Kind des Messerschmieds
       Didier Diderot und seiner Ehefrau Angélique, geb. Vigneron, in Langres
       (Champagne) geboren.

1723 – 1728   Er besucht das Jesuiten-Kolleg in Langres.

1726   Empfang der Tonsur; er soll später das Kanonikat eines Onkels über-
       nehmen.

1728 – 1732   Aufbruch nach Paris, wo er vermutlich das jesuitische Collège
       Louis-le-Grand und das jansenistische Collège d'Harcourt besucht.

1732   Magister Artium der Pariser Universität.

1732 – 1735   Studium an der Sorbonne (Bakkalaureus, 1735).

1736 – 1742   (literarische) Gelegenheitsarbeiten, Anwaltsgehilfe (1736/37),
       Hauslehrer; Diderot verbringt viel Zeit in Cafés, wo er Jean-
       Jacques Rousseau kennenlernt (1742).

1743   Januar: Der Vater lässt den „ungeratenen" Sohn im Kloster nahe Troyes
       einsperren; Flucht und Rückkehr nach Paris, wo er Antoinette Champion
       heimlich heiratet (6.11.).

1745   Übersetzung von Shaftesburys *Inquiry concerning Virtue and Merit*; Plan
       der *Enyclopédie*.

1746 – 1749   Veröffentlichung der ersten selbständigen Schriften: *Philosophi-
       sche Gedanken* (1746), der erotisch-satirische Roman *Geschwätzige Klein-
       ode* (1748) und der materialistisch-sensualistische *Brief über die Blinden*
       (1749). Dieser bringt Diderot eine Haftstrafe im Turmgefängnis von Vin-
       cennes ein (24.7.-3.11.1749).

1749/50   Bekanntschaft mit Baron d'Holbach und Melchior Grimm.

1751   Der erste Band der von Diderot und Jean Le Rond d'Alembert herausge-
       gebenen *Encyclopédie* (28 Bände, 1751–72) erscheint, die, trotz mehrerer
       Verbote, zum Hauptwerk der frz. Aufklärung avanciert; Ernennung zum
       Mitglied der „Berliner Akademie der Wissenschaften".

1752 – 1754   Buffonistenstreit.

1753 Geburt der Tochter Marie-Angéliques (2.9.), des vierten und einzig über-
lebenden Kindes.

1755 Diderot lernt Sophie Volland, seine große Liebe, kennen.

1756 Beginn der Mitarbeit Diderots an Grimms „Literarischer Korrespondenz".

1757 Sein erstes Theaterstück, *Der natürliche Sohn* (Uraufführung 1771), erscheint (einschließlich der theoretischen Grundlegung der neuen Gattung
des „bürgerlichen Dramas"); die Freundschaft mit Rousseau zerbricht.

1758 Das zweite Drama erscheint: *Der Hausvater* (Uraufführung 1760/61);
d'Alembert beendet seine Mitarbeit an der *Encyclopédie*.

1759 Diderots erste Folge der *Salons* erscheint, die über die Ausstellung der
Pariser Kunstakademie berichten (1759–81).

1760 Entstehung des zweiten Romans: *Die Nonne* (ersch. 1796).

1762 Erste Fassung vom Dialogroman: *Rameaus Neffe* (ersch. 1805 in dt.
Übers. durch Goethe, frz. 1821, 1891).

1763 Oktober: Bekanntschaft mit David Hume und David Garrick.

1765 Erste Arbeiten am Roman *Jacques, der Fatalist* (ersch. 1796); Katharina II. die Große erwirbt Diderots Bibliothek und stellt ihn zugleich als Bibliothekar derselben an.

1767 Ernennung zum Mitglied der „Akademie der Künste in St. Petersburg"
(1773 auch der „Akademie der Wissenschaften").

1769 Diderot schreibt die dreiteilige Dialogfolge *D'Alemberts Traum* (ersch.
1830), sein philosophisches Hauptwerk.

1771 Entstehung der *Seiten gegen einen Tyrannen* [sc. FriedrichII.] (ersch. 1937).

1772 Erste Fassung von *Nachtrag zu Bougainvilles Reise* (ersch. 1796); Mitarbeit an der *Geschichte beider Indien* (1770, 1780³).

1773 Erste Arbeiten am *Paradox über den Schauspieler* (ersch. 1830); Russland-
reise: Besuch Katharinas II. in St. Petersburg (Okt. - März 1774) mit Zwi-
schenstation in Den Haag; Erste Werkausgabe erscheint.

1774 *Beobachtungen über den Nakaz* (ersch. 1960) und *Elemente
der Physiologie* (ersch. 1875) entstehen.

1778 Tod Voltaires und Rousseaus.

1782 Das letzte große Werk erscheint: „*Seneca-Essay*" (erw. Fassung).

1784 Diderot stirbt am 31. Juli an Herzversagen.

Bibliographie

A) Quellen

I. Briefe

COR   Denis Diderot. Correspondance. Hrsg. von Georges Roth u. Jean Varloot, 16 Bde., Paris 1955–1970.

Briefe   Denis Diderot Briefe, 1742–1781. Ausgewählt u. hrsg. von Hans Hinterhäuser, Frankfurt/M. 1984.

Sophie   Lettres à Sophie Volland, 3 Bde. Hrsg. von André Babelon, [Paris] 1950⁹ (1. Aufl. 1930, u.ö., u.a. Ausw.bd.: Paris 1984. Hrsg. von Jean Varloot).

Sophie-dt   Denis Diderot. Briefe an Sophie Volland. Hrsg. von Rolf Geißler, Leipzig 1986.

II. Gesamtausgaben

AT   Œuvres complètes de Diderot. Hrsg. von Jules Assézat und Maurice Tourneux, 20 Bde., Paris 1875–77 (Nachdr.: Nendeln 1966).

DPV   Œuvres complètes. Hrsg. von Herbert Diekmann, Jacques Proust, Jean Varloot [u.a.], Paris 1975 ff. (bislang 23 Bde. [2004], geplant 33 Bde; maßgebliche historisch-kritische Gesamtausgabe).

Enc   Encyclopédie ou Dictionnaire Raisonné des Sciences, des Arts et des Métiers, par une Société de gens de Lettres, 28 Bde., Paris 1751–1772 (einschl. 5 Suppl.bce. u. 2 Reg.bde, an denen Diderot nicht beteiligt war, insgesamt: 35 Bde., 1751–1780).

III. Teilausgaben, Sammelbände

Ästhetik	Denis Diderot. Ästhetische Schriften, 2 Bde. Hrsg. von Friedrich Bassenge, Berlin/Weimar 1967.
CL	Correspondance par Grimm, Diderot, Raynal, Meister etc. Hrsg. von Maurice Tourneux, 16 Bde., Paris 1877–1882, Liechtenstein 1968 (frühere Ausgg.: Paris 1812/13, 16 Bde., Suppl.bd. 1814, u. Paris 1829, 15 Bde.).
Enzyklopädie	Artikel aus der von Diderot und d'Alembert herausgegebenen Enzyklopädie. Hrsg. von Manfred Neumann. [Übers. v. Theodor Lücke], Leipzig 1972.
Erzählungen	Denis Diderot. Erzählungen und Gespräche. Übers. von Katharina Scheinfuß, Leipzig 1953 (Frankfurt/M. 1981).
Erzähl. Werk	Denis Diderot. Das erzählerische Werk, 4 Bde. Hrsg. von Martin Fontius, Berlin 1984.
Indien	Wilhelm Thomas Raynals philosophische und politische Geschichte […] der Europäer in beiden Indien. Übers. von Johann Martin Abele, 10 Bde., Kempten 1783–1788.
Philoscphie	Denis Diderot, Philosophische Schriften, 2 Bde. Hrsg. u. übers. von Theodor Lücke, Berlin [Ost] 1961.
Politik	Œuvres politiques. Hrsg. von Paul Vernière, Paris 1963.
Schatten	Diderots Schatten. Unterhaltungen, Szenen, Essays. Übers., bearb. u. erfunden von Hans Magnus Enzensberger, Frankfurt/M. 1994.
Theater	Gotthold Ephraim Lessing (Übers.): Das Theater des Herrn Diderot. Hrsg. von Julius Petersen, Berlin/Leipzig/Wien/Stuttgart [1925] (Lessings Werke, Elfter Teil).
Texte	Denis Diderot. Ausgewählte Texte. Bearbeitet von Manfred Hess, Berlin 1984.
Welt-Enz	Die Welt der Enzyklopädie. Hrsg. von Annette Selg u. Rainer Wieland, Frankfurt/M. 2001 (Ausw. u. 25 Essays).

IV. Einzelwerke

Blinden	Brief über die Blinden. Zum Gebrauch für die Sehenden, in: Philosophie (w.o., III.), Bd. 1, 49–110 [verf. 1749].
Dichtung	Diskurs über die dramatische Dichtung, in: AT (w.o., II.), Bd. 7 (1875), 307–394 [1758].
Elemente	Elemente der Physiologie, in: Philosophie (w.o., III.), Bd. 1, 589–771 [1774–1781].
Erinnerungen	Marie-Angélique de Vandeul [geb. Diderot], Erinnerungen an Diderots Leben und Werk (1787), in: DPV (w.o.,II.), Bd. 1, (1975), 9–38.
Frauen	Über die Frauen, in: Schatten (w.o., III.), 273–288. [1773].
Gedanken	Philosophische Gedanken, in: Philosophie (w.o., III.), Bd. 1, 1–32 [1746]; – Anhang zu den Philosophischen Gedanken, in: ebd., 33–47 [1762].
Genie	Das Genie, in: Ästhetik (w.o., III.), Bd. 1, 538f. [1773?]
Hausrock	Gründe, meinem alten Hausrock nachzutrauern, in: Schatten (w.o., III.), 259–269 [1772].
Jacques	Jakob und sein Herr. Nach der Übers. von Wilhelm Christhelf Mylius, Frankfurt/M. 1961 [1765–1784]; – auch in: Erzähl. Werk (w.o., III.), Bd. 3.
Kleinode	Die geschwätzigen Kleinode, in: Erzähl. Werk (w.o., III.), Bd. 1 [1748].
Malerei	Diderot's Versuch über die Mahlerey, Propyläen. Eine periodische Schrifft. Übers. von Johann Wolfgang Goethe [1799], in: WA, I. Abt., Bd. 45, 251–320 (Kap. 1 u. 2) [1766].
Marquise	Die Marquise von Claye und Saint-Alban, in: AT (w.o., II.), Bd. 4 (1875), 449–461 [1760].
Marschallin	Unterhaltung eines Philosophen mit der Marschallin von C., in: Erzählungen (w.o., III.), 11–30 [1775].
Nakaz	Beobachtungen über den „Nakaz" [Gesetzesentwurf von 1767], in: Politik (w.o., III.), 343–457 [1774].
Natur	Gedanken zur Interpretation der Natur, in: Philosophie (w.o., III.), Bd. 1, 415–471 [1754].

Anhang

Paradox	Das Paradox über den Schauspieler, in: Erzählungen (w.o., III.), 281–354 [1773–1777].
Raumeau	Rameaus Neffe. Ein Dialog von Diderot. Aus dem Manuskript übersetzt und mit Anmerkungen versehen von Johann Wolfgang Goethe, Leipzig 1805 (zweisprach. Ausg.: Frankfurt/M. 1984) [1762–1773].
Salons	Salons. Hrsg. von Jean Seznec u. Jean Adhémar, 4 Bde., Oxford 1957–1967 (1979^2).
Salons-dt.	Salons, in: Ästhetik (w.o., III), Bd. 1 u. 2 (passim) [1759–1781].
Seneca	Essay über die Herrschaft der Kaiser Claudius und Nero sowie über die Charakterzüge und die Schriften Senecas, in: DPV (w.o., II.), Bd. 25 (1986), 33–431 [1778/1782].
Spaziergang	Der Spaziergang des Skeptikers oder die Alleen, in: Texte (w.o., III.), 258–361 (Dt. Erstübers. von Martin Pfeiffer) [1747].
Traum	D'Alemberts Traum, in: Philosophie (w.o., III.), Bd. 1, 525–580 [1769].
Tyrann	Seiten gegen den Tyrannen Friedrich II., in: Politik (w.o., III.), 135–148 [1771].
Unterredungen	Der natürliche Sohn. Dorval und ich [3 Unterredungen], in: Theater (w.o., III.), 94–166 [1757].
Verstreut	Verstreute Gedanken über Malerei, Skulptur, Architektur und Poesie als eine Art Fortsetzung der Salons, in: Ästhetik (w.o., III.), Bd. 2, 574–645 [1777].
Widerlegung	Fortlaufende Widerlegung von Helvétius' Werk „Vom Menschen", in: AT (w.o., II.), Bd. 2 (1875), 263–456 [1773/1774].
Widmung	Widmungsschreiben an die Fürstin von Nassau-Saarbrücken, Sophie Christine, in: DPV (w.o., II.), Bd. 10, 180–189.
Wie	Wie denken Sie darüber?, in: Erzählungen (w.o., III.), 5–10.

V. Sekundärquellen

Weisheiten	Lebensweisheiten berühmter Philosophen. 400 Zitate von Aristoteles bis Wittgenstein, München 2000^3.

Lepape   Lepape, Pierre: Diderot. Aus dem Französischen von Gabriele Krüger-Wirrer, Frankfurt/M. 1994 (frz. 1991).

B) Nachweis

Die Abkürzungen beziehen sich auf A), die römischen Ziffern verweisen auf die Bandnummern, die arabischen auf die Seitenzahlen.

I. Ein Vorläufer von Wikipedia – die Enzyklopädie

1   Enzyklopädie, 396f. (= Enc, V, 1755: Art. „Enzyklopädie")
2   ebd., 411, 482f., 414
3   ebd., 511

II. Von Philosophie, Aufklärung und Vernunft

4   Gedanken, in: Philosophie, I, 16 (XXX, XXXI)
5   ebd., I, 16 (XXIX)
6   ebd., I, 35 (Anh. IV)
7   Enzyklopädie, 320f. (= Enc, V, 1755: Art. „Aufgeklärt u. klarblickend")
8   Natur, in: Philosophie, I, 430 (XXII)
9   Widerlegung, in: AT, II (1875), 322
10   Natur, in: Philosophie, I, 428 (XV)
11   Tyrann, in: Politik, 136; AT, II (1875), 212
12   Jacques, in Erzähl. Werk, III, 55
13   Gedanken, in: Philosophie, I, 21 (XLIII)
14   CL (1813), Tl. 1, Bd. 2, 62
15   Elemente, in: Philosophie, I, 679 (freie Wiedergabe)
16   Lepape, 53
17   Erinnerungen, in: DPV, I (1975), 34

III. Vom Schauspiel der Natur

18   Natur, in: Philosophie, I, 433 (XXVIII)
19   ebd, I, 423 (VIII)
20   Traum, in: Philosophie, I, 531f., 538
21   ebd., I, 538f., 537
22   COR, I, 214 (Paul Landois, 29.6.1756)
23   Traum, in: Philosophie, I, 534
24   Sophie-dt, 176 (31.7.1762)
25   Blinden, in: Philosophie, I, 78
26   Indien, Bd. 6 (1786), 11.Buch, Kap. 5, 59–61

IV. Von Gott und Religion

27   Gedanken, in: Philosophie, I, 36 (Anh. VIII)
28   ebd., I, 37 (Anh. XVIII)
29   ebd., I, 35 (Anh. III)
30   ebd., I, 45 (Anh. LXV)
31   Gedanken, in: Philosophie, 37 (Anh. XVI)
32   Marschallin, in: Erzählungen, 20
33   Nakaz, in: Politik, 347 (III)
34   Gedanken, in: Philosophie, I, 14 (XXVI)
35   ebd., I, 7 (XV); Sophie-dt, 115 (20.10.1760)
36   Spaziergang, in: Texte, 265
37   Gedanken, in: Philosophie, I, 37 (Anh. XVII)
38   ebd., I, 5 (VII)
39   Marschallin, in: Erzählungen, 16

V. Von der Kunst und dem Schönen

40   Malerei, 251 (Kap. 1)
41   Verstreut, in: Ästhetik, II, 591 (95.)
42   Dichtung, in: AT, VII (1875), 313
43   Salons, in: Salons (1979[2]), II, 174 (1765)

44 Verstreut, in: Ästhetik, II, 574 (1.)
45 Malerei, 287 (Kap. 2)
46 Verstreut, in: Ästhetik, II, 575 (6.)
47 Enzyklopädie, 138–152 (= Enc, II, 1752: Art. „Das Schöne“)
48 Salons-dt., in: Ästhetik, II, 151 (1767)

49 Dichtung, in: AT, VII (1875), 314
50 Paradox, in: Erzählungen, 288f.
51 Enzyklopädie, 144 (= Enc, III, 1753: Art. „Singen“)
52 Unterredungen, in: Theater, 157
53 Genie, in: Ästhetik, I, 538f. (Die Urheberschaft des Enzyklopädieartikels ist nicht ganz geklärt; vielleicht stammt er von Diderots Freund, dem Autor Jean-François de Saint-Lambert; so bezweifelt Jacques Proust die Verfasserschaft Diderots, Herbert Dieckmann und Friedrich Bassenge hingegen schreiben ihn Diderot zu.)
54 Frauen, in: Schatten, 285

VI. Die humane Gesellschaft

55 Enzyklopädie, 116 (= Enc, I, 1751: Art. „Politische Autorität“)
56 ebd., 676 (= Enc, VIII, 1765: Art. „Mensch“)
57 ebd., 681 (= Enc, VIII, 1765: Art. „Menschlichkeit“)
58 Widmung, in: DPV, X (1980), 184f.
59 Nakaz, in: Politik, 343 (I) (übers. von Iris Raupp)
60 Enzyklopädie, 720 (= Enc, VIII, 1765: Art. Tagelöhner)
61 ebd., 676 (= Enc, VIII, 1765: Art. „Mensch“; Nakaz, in: Politik, 357 (X)
62 Indien, Bd. 4 (1785), 7. Buch, Kap. 1, 3; Bd. 10 (1788), 19. Buch, Kap. 15, 396
63 ebd., Bd. 4 (1785), 7. Buch, Kap. 1, 2f.
64 Tyrann, in: Politik, 146 (übers. von Iris Raupp)
65 Sophie-dt, 181 (5.8.1762)
66 Enzyklopädie, 625 (= Enc, XIII, 1765: Art. „Pythagorisme“) (übers. von Sibylle Wandel)
67 Indien, Bd. 10 (1788), 19. Buch, Kap. 15, 393

VII. Von Glück und Tugend, Liebe und Leidenschaft

68   Widmung, in: DPV, X (1980), 186f.

69   CL, VIII (1879), 443 (15.1.1770)

70   Unterredungen, in: Politik, 128

71   Weisheiten, 119

72   Gedanken, in: Philosophie, I, 3 (I)

73   Traum, in: Philosophie, I, 533

74   COR, II (Sophie Volland, 3.[?]11.1759), 322f. (übers. von Iris Raupp)

75   Nakaz, in: Politik, 412 (LXXXVII)

76   Sophie-dt, 302 (31.8.1769)

77   Jacques, 283

78   Wie, in: Erzählungen, 10

79   Welt-Enz., p. 130

80   Widerlegung, in: AT, II (1875), 278

81   Kleinode, in: Erzähl. Werk, I, 408

82   COR., II, 39 (Voltaire, 19.2.1758)

83   Sophie, II, 280 (o. D.)

84   Sophie-dt, 115 (20.10.1760)

85   Jacques, in: Erzähl. Werk, III, 185

86   Rameau, 81

87   Rameau, 9–205

88   Hausrock, in: Schatten, 261f.

89   Briefe, 123f. (18.10.1760); ebd., 45f. (14.10.1759) (2. u. 3. Abschn.); ebd., 51 (15.10.1759) (4. u. 5. Abschn.); ebd., 183 (5.8.1762) (6. Abschn.)

VIII. Vom flüchtigen Leben und vom Tod

90   Seneca, in: DPV, XXV (1986), 297

91   ebd., XXV (1986), 370 (übers. von Sybille Wandel)

92   Jacques, 123

93   Traum, in: Philosophie, I, 532; Sophie, II, 270 (1760, Fragm. o. D.)

94   Marquise, in: AT, IV, 455

95   Sophie-dt, 216 (26.9.1762)

96   Jacques, 5–285
97   Lepape, 352

98   Sophie-dt, 74 (3.11.1759)
99   AT, XVIII (1877), 100f., 125
100   Elemente, in: Philosophie, I, 761f.

C) Weiterführende Literatur
(in chronologischer Reihenfolge)

–   Wilson, Arthur M.: Diderot, New York 1972 (frz. 1985).
–   Guillaume [Thomas François] Raynal u. Denis Diderot: Die Geschichte bei-der Indien. Ausgewählt u. erläutert von Hans-Jürgen Lüsebrink, Nördlingen 1988.
–   Lepape, Pierre: Diderot, 1994 (w.o., A, V.).
–   Borek, Johanna: Denis Diderot, Reinbek (Hamburg) 2000.
–   Prange, Peter: Die Philosophin, München 2003 (Roman).
–   Heyer, Andreas: Materialien zum politischen Denkens Diderots. Eine Werks-monographie, Hamburg 2004.
–   ders.: Die französische Aufklärung um 1750, 2 Bde., Berlin 2005.
–   Blom, Philipp: Das vernünftige Ungeheuer. Diderot, d'Alembert, de Jaucourt und die Grosse Enzyklopädie, Frankfurt/M. 2005.
–   ders.: Böse Philosophen. Ein Salon in Paris und das vergessene Erbe der Aufklärung, München 2010.
–   Trousson, Raymond: Denis Diderot ou le vrai Prométhée, Paris 2005.
–   ders.: Diderot jour après jour, Paris 2006.
–   Denzel de Tirado, Heidi: Biographische Fiktionen. Das Paradigma Denis Diderot im interkulturellen Vergleich (1765–2005), Würzburg 2008.
–   Chartier, Pierre: Vies de Diderot. Portrait du philosophe en mystificateur, 3 Bde., Paris 2012.
–   Denis Diderot – Weiß man je, wohin man geht? Ein Lesebuch. Hrsg. von Werner Raupp, Rottenburg/N. 2008 (Humanismus – neu entdeckt. Bd. 1), 2009[2] (3. Aufl. ersch. ca. 2014.)

–   Aufklärung und Kritik. Zeitschrift für freies Denken und humanistische Philosophie. Hrsg. von der Gesellschaft für kritische Philosophie Nürnberg 20 (2013), Sonderheft: Denis Diderot zum 300. Geburtstag, hrsg. von Wulf Kellerwessel u. Werner Raupp).

D) Bildnachweis

Encyclopédie, ou Dictionnaire Raisonné des Sciences, des Arts et des Metiers, 28 Bde., Paris 1751–1772: S. 24, 28, 82, 84, 86, 92, 94, 97, 104, 119, 132

Denis Diderot: Pensées philosophiques, Den Haag 1746: S.19

ders.: Le père de famille, Amsterdam 1758: S. 34

ders.: Le neveu de Rameau, Paris 1821: S. 122

ders.: La Religieuse, Paris 1796: S. 100

Diderot. Oeuvres politiques. Hrsg. von Paul Verniere, Paris 1963: S. 114

Guillaume-Raynal (Hrsg.): Histoire des deux Indes, Paris 1780[3]: S. 63

Musée d'art et d'histoire de Langres: Umschlagvorderseite, -rückseite, 10, 14, 72, 142

Privatarchiv Werner Raupp, Hohenstein: S. 40, 49, 56, 59, 67, 74, 88, 106, 134

Gregor Julien Straube, Juliane Kiefner, Tübingen: S. 76, 139